L'imprimeur de Dammartin

MICHEL CATALANO

L'IMPRIMEUR DE DAMMARTIN

DIX ANS APRÈS, L'OTAGE DES TERRORISTES SE RACONTE

édité sous la direction de Guy Birenbaum

le cherche midi

Vous pouvez consulter notre catalogue général
et l'annonce de nos prochaines parutions sur notre site :
www.cherche-midi.com

92, avenue de France
75013 Paris

Conception graphique : Justine Dupré
Composition : Peter Vogelpoel
Dépôt légal : janvier 2025
ISBN 978-2-7491-8228-5

À mon père, Antonio,
À ma mère, Anna,
À ma famille,
À toutes les victimes du terrorisme,

À la vie.

AVANT-PROPOS

Cicatrices

Le 7 janvier. Le jour de mon anniversaire. De celui de mon père aussi. Une date désormais maudite associée au massacre de *Charlie Hebdo* et au meurtre du policier Ahmed Merabet.

Le bruit du lance-roquettes heurtant la balustrade de l'escalier en colimaçon menant au premier étage de mon imprimerie.

Lilian, recroquevillé, silencieux, confiné neuf heures durant dans un espace d'un mètre carré sous un évier.

Le policier qui reconnaît la qualité du pansement que j'ai fait au terroriste blessé par les gendarmes de Dammartin-en-Goële avant l'assaut final.

La phrase du psychiatre responsable des services de traumatologie à Paris : « Monsieur Catalano, vous êtes foutu ! »

L'agacement de l'entourage éloigné face au mal-être exprimé par ma famille et moi plusieurs années après la prise d'otage : « Mais t'es encore là-dessus ? » « Passe à autre chose ! »

La peur rétrospective qui me saisit brusquement, sans crier gare. Même une décennie plus tard.

Le zéro pointé en sport infligé à ma fille après le 9 janvier, au motif qu'elle « ne souriait plus ».

Mon assignation à vie au rôle de « victime ».

Ma culpabilité d'avoir oublié des détails, des bribes de phrases, des ressentis.

La sensation quotidienne d'être un survivant.

Et enfin, mes nuits d'insomnie, durant lesquelles ces blessures, ces vertiges, ces angoisses envahissent mon esprit.

Il m'aura fallu dix ans pour vraiment quitter l'entrepôt de mon imprimerie. Dix ans pour écrire ce livre. Une décennie pour que se résorbent mes cicatrices. Elles ne s'effaceront pas, je le sais désormais. Mais, et c'est le plus important, elles témoignent d'une vérité : on peut avoir traversé le pire et reconstruire son bonheur. Lentement.

CHAPITRE 1

« Cache-toi »

Enfant, le sud de l'Italie m'accueillait pour les vacances. J'avais environ 8 ans lorsque mon grand-père me juchait sur un âne pour m'emmener en balade dans les montagnes de la Basilicata. Nous descendions à mille mètres de Vaglio, un petit village de pierre, et en hiver il y avait de la neige.

Mon grand-père avait un petit terrain. De la vigne y poussait, des tomates et des salades aussi. J'appréciais le paysage, le soleil, les odeurs, la route qui descendait à pic sur Potenza.

Accompagné de mon père et de mon grand-père, j'étais l'avenir de cette histoire d'hommes qui vivaient de la terre après une longue tradition de métayers.

La terre était sèche, le travail serait dur, le soleil se levait : il était cinq heures du matin.

Nous partions à l'aube, j'adorais ça…

***

8 h 25. La sonnette de l'entrée retentit. Lilian, mon graphiste, vient juste d'arriver. Nous sommes encore dans le couloir pour préparer le travail de la journée. Un café nous attend. Je me réjouis de retrouver Didier, bardé de sa bonne humeur habituelle. C'est le commercial qui nous vend des machines de production. Entre les réparations, la livraison des encres et les nouveaux achats, nous le voyons si régulièrement qu'il fait quasiment partie de l'entreprise.

J'interpelle Lilian :

« Tiens, ça doit être Didier qui vient nous présenter sa nouvelle machine. J'espère qu'il a au moins fait l'effort d'apporter les croissants ! »

Mon jeune employé déclenche l'ouverture de la porte en appuyant sur le bouton de la centrale téléphonique.

Je me dirige vers la machine à café, située dans la salle de repos en face de l'open space.

Lilian est arrivé bien plus tôt que d'habitude. Cela m'avait d'ailleurs surpris. J'étais dans mon bureau lorsque je l'ai entendu arriver et ai aussitôt baissé la radio (j'écoute chaque matin la matinale de Thomas Sotto sur Europe 1). Cela peut sembler un détail inutile mais ce qui se passera ensuite aurait pu être très différent si je ne l'avais pas fait. Je suis de mon côté exceptionnellement en retard, sans raison particulière, si ce n'est une nuit de mauvais sommeil. Pourtant, depuis que je suis en âge de travailler, j'ai la solide habitude de commencer mes journées très tôt, et de préférence bien avant mes collègues et mes employés. Il s'agit là d'un principe de vie, d'un pilier de mon quotidien hérité de mon père, qui vient lui-même d'un milieu constitué d'hommes et de femmes s'échinant à la tâche.

Pourquoi cette journée commence-t-elle de manière si peu banale ? Peut-être à cause du calendrier. Certains vendredis, nous célébrons les anniversaires. Une coutume qui s'est peu à peu imposée dans la boîte. Cette fois-ci, c'est mon tour. Deux jours plus tôt, le 7 janvier, j'ai eu 48 ans. Je rappelle à Lilian en plaisantant :

« Et n'oublie pas, ce midi, on va boire un coup pour mon anniversaire… »

Malgré cette ambiance légère, j'ai toujours à l'esprit qu'on a sonné.

Nous vérifions généralement l'identité des visiteurs qui se présentent à notre porte. Mais pas aujourd'hui.

Je n'entends toujours rien et je me préoccupe vraiment de savoir ce qu'il en est, résolument convaincu qu'il s'agit de Didier et que, pour je ne sais quelle raison, il n'est pas monté.

Je m'interroge, un brin agacé :

« Qu'est-ce qu'il fait ? Il en met, du temps, pour monter l'escalier… »

Ce retard m'interpelle. Je me dirige d'un pas décidé vers la baie vitrée qui se situe à une dizaine de mètres. Je scrute rapidement le parking. Surprise, il est presque vide. La voiture de Didier ne s'y trouve pas. Seule celle de Lilian attire mon attention.

Je ne vois pas ma voiture de société, comme absente de l'espace. Mon regard va à l'essentiel, continue à balayer le parking, machinalement. J'aperçois Stéphane, mon chef d'atelier. Il est en train de tourner pour rejoindre sa place.

Un homme apparaît soudain et, venant de ma porte d'entrée, se dirige vers la voiture de mon chef d'atelier. Il se penche sur sa portière pour lui parler. Tout de noir vêtu, un gendarme, sûrement. Mais en remarquant le lance-roquettes qui barre son dos, je comprends. Instantanément. Depuis quarante-huit heures, toutes les polices de France recherchent les deux hommes responsables du massacre de la rédaction de *Charlie Hebdo*.

Stéphane l'écoute, attentivement, puis opère un demi-tour. Le terroriste vient de lui demander de prévenir les gendarmes.

Je tourne les talons. Mon esprit est un trou noir. Sidéré, je ne peux que penser :

« Ce n'est pas possible. Ce n'est pas possible. Pas eux ?! »

Instinctivement dissocié, comme coupé de mes émotions, je m'observe adopter un comportement automatique. Une attitude proche du réflexe. Je ne suis plus vraiment moi-même.

D'un pas rapide et lourd, je rejoins Lilian. Surtout, ne pas le paniquer. Désormais, les idées se bousculent dans ma tête. Les secondes ralentissent. Je tente d'établir un improbable protocole, d'échafauder une tactique. Je suis désormais double : l'un anticipe, l'autre agit.

Une pulsion me saisit. J'ai besoin d'entendre ma voix prononcer ces mots :

« Lilian, ils sont chez nous ! »

Lui, comprenant tout de suite, les yeux écarquillés, me répond :

« Non ? »

Il esquisse un sourire. Croit-il que je plaisante ? Pourtant, à cet instant précis, il perçoit l'impensable.

La veille au soir, avec un humour mal placé, nous plaisantions sur l'idée que les deux terroristes viendraient frapper à la porte de mon entreprise. Dans un délire prémonitoire, nous imaginions cette scène absurde, mon imprimerie étant située dans le recoin d'une zone industrielle du nord de Paris. Cette même soirée, au cours de la cérémonie des vœux du maire du Blanc-Mesnil, la recherche des terroristes en fuite était au cœur de toutes les conversations. Sur le chemin du retour, j'ai croisé de nombreux convois de CRS et de gendarmes. Mon fils m'a montré sur son téléphone la vidéo de l'assassinat du policier Ahmed Merabet par les deux islamistes. Des images révoltantes, obsédantes, que personne ne devrait regarder par égard pour la famille de cet homme. Mon fils en a convenu puis a effacé le fichier.

Dans mon esprit, imagination et réalité se mélangent. Mais les deux frères se trouvent bien sur mon parking. Inexplicablement calme, je donne mes instructions à Lilian :

« Il faut appeler la gendarmerie. »

Mais il est déjà trop tard. J'entends la porte du bas se fermer bruyamment. Deux lourdes démarches font trembler l'escalier en colimaçon. Le bruit métallique du lance-roquettes qui heurte le garde-fou résonne de plus en plus fort. Je ressens physiquement le poids de leur armement à travers les vibrations qui se propagent.

L'objectif, désormais, est clair : protéger Lilian, coûte que coûte. Avec fermeté, je lui murmure :

« Lilian, cache-toi ! Et coupe ton portable. »

Il ressemble alors à un animal traqué. Il perçoit probablement le changement qui s'opère en moi. Il faut survivre, mais je ne peux pas affronter les deux meurtriers et m'occuper de mon employé en même temps. Il faut qu'il m'obéisse ! Avec soulagement, je le vois acquiescer. Heureusement, car je me rends compte à cet instant qu'il porte les vêtements sombres utilisés dans l'atelier. Des vêtements qui peuvent évoquer ceux des forces de l'ordre. J'espère qu'il se réfugie dans un endroit inaccessible. Il décide de se contorsionner pour rester sous un évier dans une posture intenable. À ce moment précis, je ne sais pas où il s'est réfugié.

Rassuré de savoir Lilian provisoirement en sécurité, dopé par un regain d'énergie, je pars à la rencontre des deux terroristes.

CHAPITRE 2

Seize pas

Le couloir est une longue avenue. Une distance impossible à parcourir. Pour surmonter la pénibilité de la marche, je compte : huit mètres, seize pas. Je sais déjà que je n'oublierai pas ces chiffres. Je compte pour me distraire, pour ne pas tressaillir, pour oublier l'évidence. Au bout du couloir, c'est la mort qui m'attend. Durant cette dernière marche, je devrais être escorté par mes proches. Mais je m'accroche à un espoir ténu et repousse leur image. Penser à eux maintenant, c'est me fragiliser. Or j'ai besoin de toute ma force. Ce couloir me replonge dans les terreurs nocturnes de mon enfance.

***

J'ai 5 ou 6 ans. C'est la nuit. Je dois traverser le couloir entre ma chambre et les toilettes. L'épreuve me paraît impossible. Poussé par l'urgence, je rassemble tout mon courage. Je cesse de réfléchir et je me lance. L'obscurité semble abriter des forces invisibles prêtes à m'attaquer. Quand j'atteins l'interrupteur et que la lumière éclaire tout, je me sens invincible, comme Superman. J'ai vaincu la peur et le noir, une fois de plus. J'ai 5 ou 6 ans, oui, mais je lutte déjà.

***

Pour la première fois de ma vie, je n'ai pas embrassé ma femme avant de me rendre au travail. Un vide, une tristesse s'emparent de moi. Je réalise que je peux mourir sans l'avoir serrée dans mes bras une dernière fois.

***

Quand j'étais petit, je refusais d'embrasser ma grand-mère parce qu'elle piquait. Un jour, attristée, elle m'a dit : « Le bisou du soir, c'est pour montrer qu'on a passé une bonne journée et qu'on est reconnaissant. Le bisou du matin, c'est pour remercier d'être encore en vie. » Je l'ai toujours embrassée par la suite.

***

J'ai oublié mon téléphone chez moi. Encore une première.

Mon fils, habituellement à mes côtés à cette heure-ci, n'est pas là. En ce 9 janvier, il se prépare pour les Olympiades des métiers où il va représenter son école.

Mon épouse n'est pas là non plus. Toujours présente dans ma vie, elle est ma compagne depuis notre jeunesse, celle avec qui j'ai tout partagé et tout construit. Mais ce vendredi, elle reste à la maison un peu plus longtemps pour se préparer avant d'aller récupérer une commande chez un fournisseur.

Ma fille, elle, est en internat. Des gendarmes accompagnés d'un psy viendront l'extraire de son cours, protégée par un gilet pare-balles. Mais qui la protégera des rumeurs et des regards de ses camarades ?

Il n'est que 8 h 25, je suis dans mon bureau, dans l'entreprise que j'ai créée de mes mains. Le travail de toute ma vie est sur le point d'être détruit. Le plus grand défi de mon existence m'attend. Et à cet instant, il me broie. Les défis, pourtant, je connais. Grand sportif, que ce soit en hockey sur gazon, sur les circuits automobiles ou en saut à l'élastique, je cherche toujours l'adrénaline, je ressens le besoin de vivre intensément. Les émotions fortes, le dépassement de soi me font vibrer.

Je m'avance vers les deux assassins. Le cadet apparaît en haut de l'escalier, son lance-roquettes dans le dos. Il me semble immense. Derrière lui, l'aîné, plus petit, avec un regard noir. Leur présence devant moi électrise l'air, me coupe le souffle.

***

Mes parents ont toujours considéré les gens pour ce qu'ils sont, c'est-à-dire pour eux-mêmes. Leur vraie force résidait peut-être dans cette capacité à regarder les autres dans leur authenticité.

En 1961, mon père quittait l'Italie pour émigrer en France. Il voulait payer un traitement médical dont ma sœur avait absolument besoin. Immigré, il a accepté une vie de sacrifice.

À l'origine métayer dans un village du sud de l'Italie, il travaillait pour les autres, vendait sa force de travail pour presque rien. Arrivé en France, il gagnait encore peu, mais c'était mieux que de l'autre côté de la frontière. Il avait été engagé par une société américaine en quête de main-d'œuvre bon marché. Grâce à ce contrat, ma sœur a pu être soignée.

Il travaillait sans relâche, du lundi au lundi. Il devait tenir, et il a tenu. Le prix à payer était lourd, pour lui, pour son couple, et pour nous, ses enfants. Finalement, il s'est installé en France avec toute la famille. Son rêve se réalisait : il nous offrait un meilleur cadre de vie. C'est dans ce contexte que je suis né, en France, en 1967. Mon père était un battant. Il vivait pour ses valeurs, en dépit des obstacles.

Adolescent, j'étais révolté. Je trouvais injuste que ma mère effectue des ménages et que mon père se tue au travail. J'étais bon élève, premier de la classe, plein d'idéaux de justice. Voir leurs interlocuteurs de la Sécurité sociale parler à mes parents comme à des idiots parce qu'ils ne maîtrisaient pas bien le français me mettait en rage. Mes amis avaient des voitures, tout ce qu'ils voulaient. Mes parents n'avaient rien, travaillaient trop, étaient mal traités.

Par moments, j'avais même honte de ce qu'ils étaient. Mon père, en bleu de travail, n'avait pas le bon costume, mais il avait une élégance naturelle, faite de valeurs et de générosité.

Plus tard, cette colère s'est retournée contre moi. J'avais honte d'avoir rejeté ce père si combatif.

***

Je cherche leur regard, comme mes parents me l'ont appris. Mais dans leurs yeux, je ne vois rien, juste le vide.

Je prends d'emblée le premier pour le chef. C'est le plus grand, le plus fort des deux. Il apparaît comme un obstacle incontournable. Je finis par capter son attention et… il me parle.

Son calme évoque celui qui précède les ouragans. Froidement, il me demande :

« Vous nous reconnaissez ?

— Oui, je sais qui vous êtes. »

Ce « oui » marque le début de ma relation avec les deux frères. Pour le pire. Un contrat tacite se crée. Instinctivement, je comprends qu'ils ont un besoin urgent d'être reconnus. De la fatigue, peut-être la conséquence de leur massacre chez *Charlie*, transparaît chez eux.

Dans cette atmosphère pesante, ils cherchent visiblement et désespérément à satisfaire leur besoin de respect. Ils sont à un point de non-retour. Tous les moyens sont bons pour atteindre leurs objectifs macabres. Être sous les feux de la rampe leur donne l'illusion de la grandeur.

La rage et la révolte se lisent dans les yeux de ces deux hommes. Deux sentiments qui semblent nourrir leur attitude suicidaire.

Ils me renvoient à la colère incontrôlable de mon adolescence.

***

1976. L'année où mes parents ont pris la nationalité française. Je n'oublierai jamais mon père me disant d'un air grave :

« Sois fier de ce pays qui nous a accueillis et fais en sorte qu'il soit fier de toi, mon fils ! »

C'est grâce à lui que j'ai appris à choisir. J'ai eu de nombreuses occasions de sombrer, de commettre des bêtises irréparables qui auraient pu me mener en prison, comme ce fut le cas pour beaucoup de mes camarades de classe. Mais les convictions parentales, ancrées en moi, m'en ont à chaque fois écarté.

***

La deuxième question arrive, plus dure :

« Êtes-vous seul ? »

Sans hésiter, pour protéger Lilian, je réponds fermement :

« Oui, je suis seul. »

Je déteste mentir mais, là, je n'ai pas le choix. Chaque mot compte, pour Lilian. Et pour moi. Ils me scrutent, essayant de deviner mes pensées.

Je dois garder le contrôle, maîtriser mes émotions. Lilian est ma priorité. Je réponds à leurs questions, docile. Je ne le remarque pas tout de suite mais à chaque question qu'ils me posent, leurs armes sont braquées sur moi. Je deviens un outil, une marionnette pour leurs revendications.

CHAPITRE 3

« Vous êtes juif ? »

Le cadet me parle d'un ton fatigué, mais assuré. Comme s'il suivait une procédure. Sans expression particulière, il me demande :

« Où est votre bureau ? »

Je le lui indique d'un mouvement de la tête. Sa directive tombe :

« Allez-y et appelez la gendarmerie. »

Cette injonction me surprend, moi qui souhaitais les joindre avant de me retrouver face aux deux meurtriers.

J'entre dans la pièce le premier. J'abaisse la photo de ma famille. Eux, ma force. J'en fais autant avec celle sur laquelle figure un groupe d'inspection de la gendarmerie. Je verrouille ma tablette tactile et la cache. Chaque geste est naturel, imperceptible. Je repense au fait que la radio a été baissée, et n'était donc pas audible lorsqu'ils sont entrés. Je ne veux pas qu'ils accèdent à des informations extérieures. L'un des frères m'accompagne, l'autre reste à la porte, vigilant, prêt à attaquer.

Une question réflexe sort de ma bouche :

« C'est quoi, le numéro de la gendarmerie ? »

Le cadet répond :

« Le 17. »

Je le compose, une femme décroche.

« Gendarmerie nationale, dit-elle.

— Je suis Michel Catalano, pris en otage par des terroristes. »

Elle demande combien ils sont. L'aîné fait un geste qui signifie « beaucoup ». Je réponds :

« Ils sont plusieurs. »

Agacée, elle insiste. Je répète :

« Ils sont plusieurs. »

Il approuve d'un signe de tête. Je raccroche, tout en surveillant les deux fanatiques.

Le cadet sort une bouteille d'eau, me la tend. Je refuse. Comment accepter de porter mes lèvres au goulot d'une bouteille déjà entamée dont j'ignore la nature réelle du contenu ? J'étouffe d'angoisse. Mon objectif est de les éloigner. Je leur propose un café.

Pourquoi ? Je ne sais pas. Je contiens mes émotions, c'est vital. Dans mon entreprise, on boit du café. Pas de l'eau. C'est ainsi. Je les accompagne à la machine. Je décompose chacun de mes gestes pour gagner du temps, pour retarder l'échéance. Je suis face à la mort, le peu d'instants de vie qu'il me reste me semblent une éternité.

Le plus jeune décide, sans raison apparente, de me dévoiler leurs intentions :

« Nous voulions mourir dans les bois. Finalement, on va mourir ici, en tuant un maximum de personnes. »

La terreur me submerge. J'ai 48 ans, je n'ai pas encore fêté mon anniversaire, et je me prépare à mourir. Mais je continue à faire couler leurs cafés.

Le plus vieux pose son arme. L'autre raconte son passage au Yémen. Pour lui, les Américains et les Français sont des criminels, coupables de tuer des femmes et des enfants sur place. Il se voit comme un justicier, prêt à rendre coup pour coup, en réponse aux histoires de guerre relayées dans la presse.

Ce que sous-entend son récit est limpide : oui, il est dangereux. Oui, il est entraîné à tuer. Puis il critique de nouveau la France, particulièrement l'école de la République dont il garde apparemment un mauvais souvenir. J'essaie de paraître neutre, mais il s'énerve lorsqu'il aperçoit certains des calendriers du bureau sur lesquels sont représentées des pin-up des années 1950. Il défend ensuite l'idée de lire le Coran, le seul livre qui trouve grâce à ses yeux. De but en blanc, il me demande, en pointant son arme sur moi, avec le doigt sur la gâchette :

« Vous êtes juif ?

— Non, je suis français, d'origine italienne. »

Cette réplique me semble vitale, elle m'évite peut-être la mort. Je ne me suis jamais présenté de cette manière auparavant. Mais j'espère que mon identité d'immigré va éveiller chez eux une possibilité de s'identifier à ma personne, à mon parcours de vie.

Je comprends qu'ils ne tuent pas les femmes et les enfants. Cette idée s'imprime en moi, presque sans que je m'en rende compte.

Nous sommes dans une situation chimérique dont ils sont les maîtres du jeu. Je suis la souris sur le qui-vive guettant chaque signe de danger.

Didier ! Dans toute cette folie, j'avais oublié Didier.

Nous sommes devant la baie vitrée, les deux frères et moi. Je vois « mon » Didier arriver, sa voiture tourne et se gare sur le parking. Cet événement est comme un grain de sable qui menace l'équilibre précaire que je suis difficilement parvenu à instaurer. Je suis envahi par une chaleur soudaine.

Dans l'urgence, je lâche :

« C'est mon fournisseur, il est père de famille, il a une femme et des enfants. Il faut le laisser partir et fermer le portail. »

Les frères échangent un regard. L'information « femme et enfants » s'avère cruciale, même si j'ai du mal à y croire car les membres de *Charlie Hebdo* avaient également des femmes et des enfants. Mais Didier *doit* être épargné. Les frères se regardent, parviennent à un silencieux consensus, puis l'aîné répond :

« Oui, on va faire ça. »

Un poids supplémentaire m'écrase. Je me dis :

« Comment peut-il arriver maintenant ? »

Puis je mesure la chance d'avoir anticipé la situation. Je n'ose imaginer ce qui se serait passé s'il avait sonné sans que je l'aie vu arriver.

Les deux assassins, en alerte, me suivent pour descendre à la rencontre de Didier.

Leurs armes sont pointées sur mon dos, ils peuvent m'abattre à chaque instant. Je sais que je suis en sursis.

Une étrange logique s'impose à moi : je dois rester seul avec ces deux barbares. En tant que chef d'entreprise, je suis habitué à prendre les problèmes à bras-le-corps. Les confiner dans un huis clos avec moi me semble plus « gérable ».

Je me retrouve sur le parking, comme téléporté. En face de moi, Didier fouille dans son coffre, me tournant le dos. Il sort ses documents et me fait face, souriant. Sans se douter de rien, il serre même la main d'un terroriste, absorbé par la raison de sa visite. Le moment est surréaliste. Il paraît ne pas voir les armes, ne perçoit pas la dangerosité de mes geôliers.

Sans rien laisser poindre, sans aucune discussion, je l'accompagne, fermement, pour qu'il referme son coffre.

« Il faut partir », je lui dis.

Didier ne comprend pas. Il hésite, résiste, répond :

« Non, pas encore. »

Nos rendez-vous souvent reportés expliquent son insistance. Mais là, je n'ai plus le temps. Je le fixe droit dans les yeux :

« Didier, il faut vraiment partir ! »

Il vacille, saisi par la gravité de mon ton. Lentement, il monte dans sa voiture. Il me regarde, ses yeux s'écarquillent, l'effroi envahit son visage.

Ce départ de Didier me marque. Il reste ancré en moi, résonne comme un dernier salut, une forme d'adieu. Que pense-t-il en s'éloignant à cet instant du parking de mon imprimerie ?

***

Ce regard, je ne l'ai croisé qu'une seule autre fois : dans les yeux de mon père, lorsqu'il a compris qu'il était sur le point de mourir, sa main serrée dans la mienne. La même émotion déchirante. Je ne l'ai vu pleurer que deux fois. La première, lorsqu'il a appris qu'il serait au chômage technique, même si ce n'était que pour six mois. La seconde, quelques jours avant son décès. Devenu sourd, il souffrait de cet isolement, de ne plus pouvoir échanger. Mon seul moyen de le réconforter était de tenir fermement sa main. Dans ces instants, l'intensité du toucher et des regards était incomparable.

***

Je ne bouge pas pendant que Didier part, nos regards se croisent dans le rétroviseur, comme dans une scène tournée au ralenti. Je ferme le portail, convaincu que mon exécution approche. La solitude m'envahit, conséquence de mes décisions dans cette situation. Tout me semble irréel, incertain.

Dans cet état de vigilance extrême, fermer la grille m'apporte un bref soulagement. Je suis épuisé nerveusement. Ils n'ont plus besoin de moi, j'ai rempli mon rôle d'otage. Leur but est clair : mourir ici, dans mes locaux.

Fermer le parking devient une sorte de finalité. Je m'abandonne presque à la mort imminente, tout en tentant de contenir leur violence. Je dois les retenir, les empêcher de sortir. Protéger les autres, même au prix de ma vie.

***

Plus tard, d'autres victimes m'ont dit :

« Ce qui nous a sauvés, c'est qu'on était plusieurs. Pour vous, c'était pire, vous étiez seul. »

Mais moi, je recherchais cette solitude, n'avoir à faire face qu'à moi-même. Si quelqu'un d'autre avait été là, sa peur m'aurait envahi, tout en aurait été changé.

Je n'ai réussi à le formuler que bien plus tard mais, sur le moment, je le sentais déjà. Je ne cherchais pas à être un héros. Je voulais juste protéger Lilian.

CHAPITRE 4

Un café avec la mort

Voir s'éloigner les feux arrière rouges de la voiture de Didier me sort un instant de mes pensées morbides. Je m'enferme donc avec les deux frères, entre le sursis et l'exécution, m'en remettant à mon sort. Je ne ressens rien, encéphalogramme affectif plat.

J'aperçois une Peugeot grise stationnée à l'entrée du hangar, feux allumés. Je suis intrigué par ce véhicule prêt à partir. Et si nous n'avions pas ouvert… Seraient-ils allés ailleurs ? J'imagine que c'est ce que mes voisins commerçants se demanderont plus tard :

« Et s'ils étaient arrivés chez nous ? »

J'opère un demi-tour, me dirige vers l'entrée de mon établissement, l'un de mes geôliers toujours derrière moi. Pendant ce temps, l'autre, resté seul dans mon bureau, essaie de mettre BFM TV sur mon ordinateur portable. Il n'y parvient pas car le réseau internet n'est pas assez puissant.

Les locaux ressemblent à une espèce d'antre d'où aucune vie ne paraît pouvoir sortir. L'entrée est toujours ouverte. Je l'avais bloquée en sortant. Machinalement, je dis au terroriste islamiste qui me suit :

« Il faut fermer la porte d'entrée, le chauffage est allumé. »

Il sourit, grinçant :

« Vous croyez que c'est important ? »

Je me rends alors compte de l'absurdité de mes paroles.

L'esprit alourdi par cette réflexion, je monte l'escalier. Il me suit, silencieux. J'imagine qu'il est, lui aussi, écrasé par la tension.

De retour dans le showroom, au premier étage, nous voilà tous les trois devant la baie vitrée qui donne sur le parking. Les cafés sont encore là, tièdes. Prendre un café avec la mort, ce n'est pas banal. Mais si ça peut me permettre de gagner du temps, de sauver Lilian, de m'en sortir, je le bois, résolument.

***

Au lendemain des événements, au milieu des gravats et des débris, j'ai découvert le café oublié de l'aîné des tueurs. Il était resté là, sur la petite table haute de la salle d'accueil. Le mien avait disparu, mais le sien trônait encore, indécent, dernier vestige d'un moment où tout aurait pu basculer. J'avais besoin de cette preuve physique, comme un témoignage que tout cela avait bien eu lieu, qu'il ne s'agissait pas d'un cauchemar.

J'ai mis du temps à le jeter. Il n'en avait pourtant bu qu'une gorgée.

Ce café symbolisait la vie après avoir croisé la mort, un échange silencieux avec le terroriste désormais abattu, une sensation particulièrement difficile à exprimer. Même en ces circonstances, le café représentait pour moi le partage.

Ce gobelet froid, suspendu entre la vie et la mort, semblait imprégné, comme moi, par cet instant absurde, marqué par le hasard qui les avait menés chez moi.

***

Pour boire une gorgée de son café, l'aîné pose son fusil d'assaut à côté de lui. Il me fixe du regard. Je le dévisage à mon tour. Mes yeux glissent vers l'arme. Je comprends soudain... Jusqu'ici il ne l'avait jamais lâchée. Cette pensée traverse mon esprit, fugace, troublante.

L'aîné repose son gobelet et reprend aussitôt son fusil. Quelques secondes à peine, mais, dans ma tête, une éternité. Cet instant hantera mes cauchemars, je le sais déjà. Je devine un rictus, comme un défi silencieux sur son visage. Et un regard qui m'incite presque :

« Vas-y ! Tente ta chance. »

***

Un jour, un journaliste américain, qui disait avoir servi en tant que marine, m'a demandé :

« Pourquoi n'avez-vous pas saisi cette arme ? »

Sa question m'a désarçonné. Je lui ai répondu que je n'étais ni entraîné ni préparé à affronter ce type de situation. Cette interview m'a laissé un goût amer. Il était tellement insistant, presque brutal. Mon psychologue considère qu'il s'agit d'un surtraumatisme.

***

Soudain, le plus jeune baisse son arme, se redresse, presque au garde-à-vous. L'œil vague, comme perdu au loin, il répète en boucle les mêmes phrases : « J'ai fait le Yémen. » « Je suis financé par Al-Qaïda. » Ses élucubrations s'éternisent : « Je suis allé à l'école de la République... » « Comme le disait Michel Onfray... » « On ne tue pas les femmes et les enfants... »

Lorsqu'il semble se souvenir de ma présence, je lui réponds presque mécaniquement :

« Je suis chef d'entreprise, j'essaie de faire mon travail. »

Mon attention est en réalité focalisée sur les déplacements de l'aîné, visiblement décidé à vérifier que nous sommes bien les trois seuls occupants du bâtiment. Il ne doit pas trouver Lilian. À aucun prix.

***

Le traumatisme est une chose difforme, immatérielle. Il permet de mieux se comprendre, de trouver en soi de nouvelles ressources.

« Vous verrez, vous serez plus fort ! » m'avait affirmé mon psychologue. Cette idée m'a plu.

Je repense à l'incendie de Notre-Dame de Paris. Sera-t-elle vraiment reconstruite telle qu'elle était ? Je ne suis pas certain que ce soit une bonne idée.

***

L'aîné des terroristes revient de sa fouille des bureaux et tout s'emballe. La kalachnikov braquée sur moi pour la troisième fois, il me demande, menaçant :

« Vous êtes vraiment tout seul ? »

Son regard perce le mien. Son benjamin est toujours coincé dans son monologue, qui n'est plus qu'un bruit de fond. Je me sens paniquer, mais tente désespérément de le cacher. Je dois rester maître de moi. Je réponds d'une voix ferme, face à lui :

« Oui, je suis seul. »

J'y mets toute mon énergie, car c'est vital pour Lilian.

Satisfait, il abaisse son arme. Le danger semble reculer. Je me reconcentre alors sur le cadet, essayant de comprendre ses mots, d'interpréter son ton.

« C'est le gouvernement français qui tue les femmes et les enfants », dit-il.

Puis, regardant à nouveau les images de pin-up sur le mur du showroom, il s'emporte :

« Ça, c'est blasphème ! »

Il passe derrière moi, son arme toujours pointée dans mon dos, retourne l'image et ordonne :

« Il faut lire le Coran ! »

Puis, revenant face à moi, il redemande, menaçant :

« Vous êtes juif ? »

Je m'en tiens à ma première réponse :

« Je suis français, d'origine italienne.

— C'est comme en Argentine et au Brésil, on ne massacre pas les catholiques. »

Je ne comprends pas le sens de cette phrase.

Leurs mouvements autour de moi, leurs armes pointées sur moi, leur colère, je ne les ressens pas sur le moment. Mais elle draine déjà mes forces, et pour longtemps.

La tension monte soudain d'un cran.

Je pense que c'est la fin.

C'est en réalité l'arrivée de gendarmes qui déclenche ce changement d'atmosphère. Encore une intervention extérieure qui prolonge mon sursis.

Dos à la fenêtre, je capte un mouvement puis me retourne. Les gendarmes arrivent, ils se garent dans la rue, devant l'entreprise, face à la baie vitrée du premier étage. Je les reconnais, ils sont de la gendarmerie de Dammartin ; c'est Aurélie et Francis.

Les terroristes les voyant arriver, exaltés, leur font de grands gestes.

« Calmez-vous, on arrive ! » crient-ils.

L'aîné, frénétique, tape du pied, pousse son frère.

« On y va, on y va, on y va… »

Désormais oublié, je les observe dévaler l'escalier, prêts à en découdre. Durant leur descente, Aurélie se réfugie derrière le véhicule, arme au poing, pendant que Francis ouvre le portail silencieusement, passe sur le côté du bâtiment et crève les pneus de la voiture des deux frères, stationnée avec le moteur allumé. Les terroristes ne perçoivent rien de leurs manœuvres.

Ils sortent, tirent sur la voiture des gendarmes.

Pris de panique, je me précipite dans la douche de mon bureau, dérisoire refuge. L'apaisement ne vient pas. L'action semble sans issue. Fuir ? Mais où ? Et Lilian ? Toujours introuvable. Je me rends compte que ma cachette ne tiendra pas. S'ils me cherchent, ils risquent de tomber sur lui. Ce qu'il me faut absolument éviter.

Dehors, c'est la guerre. Les tirs résonnent. Combien ? Trois, six ?

J'entends un corps s'effondrer lourdement. Puis de nouveau le bruit métallique d'un lance-roquettes sur la rampe de l'escalier. Les mêmes pas lourds, mais plus lents, remontent. Ils me cherchent.

« Monsieur, vous êtes où ? »

La voix tremble, un mélange de fébrilité et de confusion.

Caché, je les vois passer dans le couloir. Leurs silhouettes se dessinent dans l'encadrement de la porte. Malgré la tension, je me sens en sécurité, pour un court instant. Pourtant, je sors, me dirige vers eux.

« Ne vous inquiétez pas, je suis là. »

Quelle absurdité de leur dire ça ! Mais je dois les rassurer. S'ils fouillent, ils trouveront Lilian.

L'atmosphère a changé. Une odeur de sang et de poudre flotte, lourde, poisseuse. Devant moi se tiennent les deux frères, les yeux révulsés, haletants, épuisés. Le plus jeune est blessé, le cou en sang, ses yeux sont vides, mais son doigt reste crispé sur la gâchette. Silencieuse menace.

Ils sont hagards. L'aîné, livide, désigne la plaie.

« La balle est ressortie, regarde ! »

Leurs regards sont lourds, ils comptent sur moi. Je propose de soigner le blessé. Dans ma tête, une pensée se forme : si je les aide, peut-être partiront-ils enfin.

Le plus jeune est en sueur. Je lui propose de s'asseoir dans le couloir, sans franchir la ligne que j'ai tracée mentalement pour protéger Lilian. Cela me donne l'occasion d'aller chercher une trousse de secours. Il y en a plusieurs dans le bâtiment, mais je choisis celle se trouvant dans les toilettes, certain de ne pas y trouver mon jeune salarié. L'aîné me suit de près. Pour le tranquilliser, je maintiens la porte ouverte avec mon pied.

J'attrape à la volée du sparadrap, un antiseptique, de la gaze et de la bande adhésive, mais il me manque des ciseaux. Je retourne auprès du blessé. En désinfectant, je constate que la balle n'a pas traversé, la plaie est sérieuse. J'applique le sparadrap non découpé, tout en sachant qu'il ne tiendra pas avec la transpiration de l'assassin.

Tête en arrière, il murmure :

« Je vais mourir. »

Son frère rétorque :

« Pas maintenant, on n'a pas fini. »

Je m'entends demander à l'aîné :

« Est-ce que je peux partir ? »

Le blessé, ouvrant les yeux, reprend ses esprits et, d'un geste ferme, désigne l'endroit où je dois me mettre.

« Non, il reste là. »

Je comprends qu'il veut me placer entre lui et la baie vitrée, car des tireurs d'élite se sont postés de l'autre côté de la rue. J'intègre alors que je deviens un bouclier humain.

Comme prévu, le pansement ne tient pas. Il me faut absolument des ciseaux. Mais je refuse de franchir ma ligne imaginaire pour aller chercher la trousse qui se trouve dans le réfectoire, redoutant que Lilian y soit caché. Je réfléchis vite. Ma femme range ses affaires soigneusement. Je mise sur son bureau. Les ciseaux sont là, exactement à leur place. Soulagé, je retourne panser le blessé.

Je nettoie de nouveau la plaie. Le benjamin est groggy. J'applique de la gaze, serre fort la bande autour de son cou.

L'aîné grogne en regardant le pansement de son frère.

« C'est trop serré… »

Alors je repose la question :

« Maintenant, est-ce que je peux partir ? »

***

En 2014, papa était malade. Il était atteint d'un cancer et avait subi une greffe à la jambe. À l'époque, avec mon frère et ma sœur, nous nous relayions pour veiller sur lui, car ma mère était hospitalisée. Un soir, alors que j'étais seul avec lui, une hémorragie s'est déclenchée au niveau de sa jambe. Aucun soignant n'était disponible. J'ai appelé leur médecin et lui ai dit que je contactais les pompiers. Mon ton au téléphone était si posé que le docteur au bout du fil n'a même pas compris réellement l'urgence dans laquelle nous nous trouvions.

Mon père avait perdu l'équivalent d'une carafe de sang, mais je suis resté incroyablement calme. J'ai tenté de lui faire un point de compression alors qu'il se dirigeait vers le lavabo pour se raser. J'étais plié en deux pour maintenir ma position alors qu'il marchait vers la salle d'eau. Lui voulait être présentable, moi, je voulais le maintenir en vie.

En 2006, j'avais obtenu mon brevet de secourisme, et cette expérience m'aidait à gérer la situation. Mon père, déjà sourd à l'époque, ne réagissait pas.

Ce calme, je ne le comprenais pas à l'époque, mais, en réfléchissant à toutes les crises que j'ai traversées, j'ai pris conscience qu'il me caractérisait, que ce soit avec mon père ou avec les sportifs de mon club de hockey sur gazon, où j'ai passé quarante-quatre ans, dont trente-trois en tant que dirigeant. Ça vous enseigne à prendre soin des autres. Mon travail thérapeutique post-traumatique m'a finalement permis de me rendre compte que j'avais toujours occupé un rôle d'autorité, exercé une forme d'altruisme. Même si je refusais de l'admettre.

En troisième, j'avais passé un test de personnalité. Les résultats me décrivaient comme quelqu'un d'altruiste. Étrange mot, que j'ai découvert ce jour-là.

Plus jeune encore, à 6 ou 8 ans, en Italie, ma grand-mère maternelle s'est cassé le col du fémur en glissant dans sa cuisine. J'ai entendu ses gémissements en patois, « Marone a mia », *mais je suis resté figé en entrant dans la pièce. Mon père est arrivé et m'a giflé, furieux de me voir passif. Cet épisode m'a marqué. Avec le recul, il a ancré en moi la nécessité d'agir dans les moments critiques.*

Depuis, aider les autres est devenu naturel pour moi. Et je m'exécute sans y penser.

***

« C'est trop serré… »

Cette phrase résonne dans ma tête, se mêlant à tout ce que je viens déjà de traverser. Je dois rester, soigner, sauver ma vie, penser à ce jeune homme, arrivé gamin dans mon entreprise et dont je suis responsable, qui est caché, là, quelque part. L'épuisement me submerge, mais je dois sortir, les entraîner avec moi pour que tout s'arrête, pour éloigner Lilian du danger. Lui ne peut pas bouger, alors je dois agir.

Ces fichus ciseaux ne conviennent pas. Impossible d'en chercher d'autres. Je refais le pansement, encore une fois. Je nettoie la plaie, encore. Les hélicoptères se rapprochent, les forces de l'ordre encerclent le bâtiment, qui tremble. Mes sens sont en alerte, tout est amplifié. L'arme de l'aîné est toujours braquée sur moi, l'odeur du sang, lourde, omniprésente, emplit l'espace.

La mort plane. Elle est là depuis qu'ils sont arrivés, il y a deux heures. Deux heures ou une éternité ?

« Nous voulions mourir dans les bois. Finalement, on va mourir ici, en tuant un maximum de personnes. »

La phrase me revient en tête et me glace. Les yeux de l'aîné rivés sur moi me renvoient cette réalité brutale.

L'envie de destruction est tangible, elle tourne autour de nous, oppressante.

Je prends sur moi, à nouveau. Avec le peu d'énergie qu'il me reste, je demande : « Maintenant, je peux sortir ? »

L'arme toujours pointée sur moi, à seulement cinquante centimètres, le plus vieux des fanatiques me fixe puis me dit :

« Allez-y. »

CHAPITRE 5

« Ne tirez pas, c'est monsieur Catalano ! »

La certitude d'une fin imminente est de plus en plus pesante. Je ne parviens plus à raisonner. Sortir signifie provoquer des morts.

À cet instant, je suis dans une sorte de no man's land. La mort devant et derrière moi. Je tourne le dos aux terroristes. J'entends le blessé se lever, arme en main. Ils me suivent.

Face à la baie vitrée, une pensée pour Lilian me traverse l'esprit. Dois-je les informer de sa présence ?

Je descends l'escalier. Devant la porte, j'aperçois les gendarmes, les hélicoptères. Je lève les mains, baisse la tête. Pourquoi ? Je l'ignore.

Je suis habillé en noir. Les forces de l'ordre pourraient penser que je suis un terroriste ou que je porte des explosifs. Ma sortie va-t-elle déclencher la confrontation ? C'est certain, les gendarmes et les terroristes vont ouvrir le feu. Pourtant, il ne se passe rien.

Une voix hurle :

« Fermez la porte ! »

J'obéis et cours vers le fourgon de la gendarmerie, persuadé que les deux frères me suivent.

Des armes sont braquées sur moi. La première sommation claque :

« Couchez-vous ou je tire ! »

Je continue à avancer, toujours convaincu qu'ils vont sortir.

La deuxième sommation est plus pressante encore.

« Couchez-vous ou je tire ! »

Je fonce vers la voiture, comme vers un dernier refuge, et j'entends :

« Ne tirez pas, c'est monsieur Catalano ! »

***

Plus tard, j'ai discuté avec le gendarme qui avait pointé son arme sur moi. Il m'avoua avec franchise, en pleurant presque :

« Je ne sais pas comment j'ai fait pour ne pas tirer tout de suite. »

***

Les deux assassins ne me suivent pas. J'ai pris le risque d'être exécuté.

Je suis accueilli par les gendarmes, qui me somment de monter dans le véhicule. Je ne me sens pas en sécurité. L'image du lance-roquettes me hante. Je crains que l'un des frères décide de l'utiliser. Je reste donc près du fourgon, dans le bruit des troupes et des hélicoptères. Mon obsession ne me quitte pas. Je crie une première fois :

« Lilian est caché dans le bâtiment ! »

Pas de réaction. J'insiste :

« Vous avez compris ? Il y a encore un otage à l'intérieur. »

Enfin, on me répond :

« Oui, on va transmettre. »

Le chef d'assaut me rassure. J'avais besoin de cette confirmation.

Devant moi, trois cents membres du GIGN, du RAID, et des gendarmes. Une armée. Des véhicules blindés, un poste de commandement, tout un arsenal. Une automitrailleuse est même stationnée sur le petit rond-point situé à l'entrée de la zone industrielle. Je regarde autour de moi, tout le monde porte un gilet pare-balles. Sauf moi. Les balles peuvent pleuvoir à tout instant. Les roquettes aussi.

Le gardien de l'entreprise en face de ma société m'accueille. Il me conduit au poste de sécurité. Là, un gendarme me propose un café. J'accepte, mais je suis toujours sur le qui-vive. Rien ne bouge, pourtant. Dans la salle de repos, un chauffeur est en conversation téléphonique avec sa femme. Il lui raconte qu'il y a des otages, et que c'est même le patron de l'imprimerie. Je suis juste à côté, en train de boire mon café. Il ne sait pas que c'est moi. Je reste figé, choqué par le décalage entre ce qu'il raconte et ce que je vis.

Au-dehors, les ambulances affluent. Des voitures de la Sécurité civile, des pompiers, une vingtaine de véhicules. La guerre, toujours, comme dans un film.

Le carnage est imminent. Des gens vont et viennent. Les gendarmes défilent sous mes yeux. Personne ne m'accorde la moindre attention.

Je décide de sortir. Je croise une femme gendarme et négocie avec elle pour lui emprunter son portable afin d'appeler Véronique, mon épouse, qui n'a pas de nouvelles.

« C'est moi, je suis sorti. Rappelle-moi sur ce numéro. Lilian est toujours à l'intérieur. N'en parle à personne et même pas aux enfants. »

Je n'ai dit à personne (en dehors des membres du GIGN) que Lilian était caché à l'intérieur, pour le protéger.

J'entends la voix affolée de Véronique lorsqu'elle parvient à me joindre. Toutes les télévisions évoquent l'otage à l'intérieur du bâtiment. Je ressens sa panique. Elle me transmet son angoisse.

« Ne viens surtout pas. Reste à la maison », je lui ordonne.

Elle me raconte ce qu'elle voit à la télé. De l'autre côté de l'écran, elle attend, seule. Ce jour-là, même elle, qui n'est pas croyante, a parlé au ciel.

***

De son côté, mon père se prépare pour sa première séance de chimiothérapie. Dans l'ambulance, ma mère entend à la radio qu'une prise d'otage est en cours à Dammartin. Elle reconnaît immédiatement l'imprimerie. Elle sait que c'est moi. Affolée, elle interpelle le chauffeur :

« Mon fils, ma belle-fille et mon petit-fils travaillent là-bas. »

Mon père, sourd, la voit pleurer. Il pense qu'elle s'inquiète pour lui.

« Ne t'en fais pas, je vais m'en sortir », lui dit-il, sans comprendre la vraie raison de ses larmes.

« C'est l'imprimerie de mon fils », répète-t-elle, comme un mantra.

À l'hôpital, l'ambulancier prévient l'accueil :

« L'imprimerie, c'est son fils. »

Ils prennent en charge mon père et s'occupent de ma mère, tous deux en état de choc.

***

Quand je raccroche, je suis anéanti. J'ai pris des risques pour protéger Lilian, pour que les terroristes ne sachent pas qu'il est caché à l'intérieur. Je reviens dans la salle, vidé, et je me retrouve seul avec une femme médecin du GIGN. Je lui explique tout. Lilian, l'imprimerie, la cachette. Elle m'écoute, attentive, et me rassure :

« Vous avez bien fait. »

Ses mots apaisent ma tourmente, mais l'angoisse persiste. J'ai l'impression d'abandonner mon jeune employé.

***

Cette gendarme, plus tard, me mettra à l'abri pendant l'assaut. Elle me plaquera au sol, une main ferme sur ma tête, arme dégainée. Je ne l'ai jamais revue, mais ses mots m'ont marqué. Entendre que j'avais bien agi, de la part de quelqu'un du GIGN, quelqu'un d'expérimenté, m'a profondément soulagé.

***

Un gendarme du GIGN me rejoint. Il me demande si j'ai les plans du bâtiment, et s'il y a des caméras à l'intérieur. Je réponds que non, mais je suis en réalité sidéré. Je mesure à peine que je suis encore en vie, alors sa question me semble totalement incongrue. Comme si, en fuyant, ma priorité avait été de prendre les plans avec moi !

Malgré tout, je me rappelle que l'entreprise de construction qui a bâti l'imprimerie est à l'entrée de Dammartin, sur un vaste rond-point qui permet de sortir de la voie rapide. Les généraux, les décideurs, les élus y sont tous retranchés, car le poste de commandement s'y est installé. Le seul capable de fournir les plans, c'est celui qui m'a installé l'alarme.

Je le vois arriver, surpris d'avoir été appelé.

Une fois les plans récupérés, deux gendarmes me demandent de leur décrire chaque pièce avec précision. Le premier gendarme revient, insistant :

« Êtes-vous sûr qu'il n'y a pas de caméras ? »

Les mêmes interrogations, sans cesse; et moi, obéissant, je répète inlassablement les mêmes réponses.

Les chefs des opérations viennent aussi. Ils ont besoin de détails : la structure du bâtiment, l'emplacement des bureaux, les accès aux fenêtres, les objets présents lors de ma sortie. Et surtout, où Lilian aurait-il pu se cacher ?

***

Au cours de l'un de ses témoignages, Lilian avouera qu'il avait réfléchi la veille à toutes les façons de se cacher. Au cas où. Depuis le 7 janvier, on savait les deux tueurs dans la région. Nous étions mal à l'aise. On plaisantait, comme pour conjurer le sort, en disant :

« Ils viendront peut-être chez nous. »

Depuis ce jour, je ne fais plus ce genre de blagues.

Comment imaginer que nous nous préparions, inconsciemment, au pire ? Ces questions restent sans réponse.

***

Je pensais que Lilian s'était caché sous un des bureaux, près de la fenêtre. C'est là que je me serais réfugié. J'avais entendu qu'une des survivantes de l'attaque contre *Charlie Hebdo* s'était abritée sous une table de travail près de la fenêtre, les terroristes ne s'en approchant pas pour éviter d'être vus par les snipers.

Dans ce bureau de mon entreprise, nous n'avions jamais effacé la silhouette d'un cadavre dessinée au sol, issue d'une scène de crime factice créée pour des portes ouvertes en 2013 sur le thème de la série *NCIS*.

Étonnamment, les deux frères ne m'en ont pas parlé. L'ont-ils seulement remarquée ?

***

Pendant que j'étais leur otage, le fax du bureau avait reçu une quantité impressionnante de messages, presque l'équivalent d'une ramette entière. Ces messages, bourrés d'insultes contre les terroristes et de slogans de soutien à *Charlie Hebdo*, avaient afflué sans relâche. Ceux qui les avaient envoyés se rendaient-ils compte qu'ils auraient pu faire empirer notre situation si les frères étaient tombés dessus ?

Heureusement, les deux illuminés ne sont jamais entrés dans la pièce.

***

Il est presque midi. Un gendarme arrive avec quatre plateaux-repas. Nous sommes cinq. Ils m'ont oublié. Une gendarme le remarque, affirme qu'elle n'a pas faim, et sort chercher un autre plateau, me demandant de choisir celui que je préfère. Je ne peux rien avaler. À ce moment-là, seule mon épouse sait que je suis sorti vivant. Choquée et incapable d'agir, sans être prise en charge, elle ne préviendra les enfants et la famille que plus tard dans la journée. Moi-même, je peine encore à y croire. Je les imagine plongés dans une angoisse insoutenable.

Les heures défilent, au rythme des allées et venues. On me fait sortir pour vérifier des images filmées à l'entrée de mon entreprise, au cas où quelque chose m'aurait échappé. Rien. Je retourne dans la salle.

La même gendarme est toujours là, tendue : elle m'informe qu'il y a « un autre lieu ». Je comprends immédiatement : une autre prise d'otages, celle de l'Hyper Cacher de la porte de Vincennes à Paris. Les forces de l'ordre doivent jongler entre les deux situations.

À 15 h 30, le père de Lilian arrive. Mon cœur se serre. Je crains qu'il m'accuse d'avoir abandonné son fils. Mais il dit aux gendarmes que sa femme, la mère de Lilian, a reçu un SMS : Lilian est caché sous l'évier de la salle de repos. En plein supermarché, elle s'est évanouie en lisant le message.

Le père s'approche de moi, m'enlace et me dit :

« Michel, tu as fait le maximum. Lilian est toujours sous l'évier, caché depuis sept heures. »

Un endroit dans lequel je n'aurais jamais pensé à le chercher.

Je suis invité par les gendarmes à participer à l'élaboration des plans pour l'assaut. Les détails me bouleversent. J'ai besoin de sortir.

CHAPITRE 6

L'assaut et l'étau

Le père de Lilian quitte la salle. Un gradé de la gendarmerie s'approche de l'un de ses hommes et demande qui je suis en me désignant du doigt. Quand il comprend, il vient me voir et me demande d'envoyer un SMS à Lilian afin qu'il sorte de sa cachette. « Sinon, il mourra. »

Lilian doit s'extirper de son placard, ouvrir la fenêtre, sauter dans l'atelier. Une chute de deux mètres cinquante de haut. Puis atterrir sur une table et enfin courir vers la porte de secours. Un parcours du combattant. C'est impossible, surtout après sept heures passées recroquevillé, avec le danger d'affronter des hommes armés à quelques mètres. Je refuse. Ils envoient quand même le SMS. Lilian, heureusement, ne bougera pas.

16 h 30. Tout le monde attend l'évolution de la situation à l'Hyper Cacher. Les snipers sont en position, les hélicoptères tournent dans le ciel, la ville de Dammartin est verrouillée. À 16 h 57, la porte de mon entreprise s'ouvre. Les frères surgissent, tirent dans tous les sens, se déplaçant sans cesse pour échapper aux balles. L'assaut est lancé. La gendarme médecin (ou bien est-ce une médecin gendarme ?), revolver en main, me plaque au sol et reste debout près de moi.

La lutte semble interminable. Le bruit est assourdissant. J'ai l'impression de me trouver sur un champ de bataille. Les tirs et les explosions ponctuent le temps, un temps qui s'étire. Je suis absorbé par l'intensité de l'instant, alors que tout cela dure en réalité moins d'une minute. Une pause, puis les échanges reprennent. Enfin, tout s'arrête. J'entends :

« Opération terminée, otage vivant et libéré. »

« Cibles neutralisées. »

Mais ce qui m'importe, ce sont ces mots :

« Otage vivant et libéré. »

La gendarme retire sa main de ma tête. Je me relève, cherche Lilian des yeux. Autour de moi, l'agitation se mêle au soulagement. L'air est plus léger, comme après l'orage. Le temps devient flou : dix minutes ? une demi-heure ? Je reste en apnée. Je sais que Lilian est vivant, quelque part. Mais dans quel état ? Comment va-t-il ? Je ne me sens pas affecté, pourtant, mon souffle est court. Je suis concentré, en alerte. Ceux qui m'entourent voient un homme calme. Je suis dissimulé derrière un masque. Suis-je encore dans mon rôle de chef d'entreprise ?

Je l'aperçois de loin, son catogan défait. C'est la première fois que je le vois ainsi. Une vague d'émotions me traverse, des frissons parcourent mon corps. Un retour à la vie. Mon cœur bat de nouveau, doucement mais sûrement. Je relâche la pression, un peu, et tente d'équilibrer tension et apaisement.

Lilian se précipite dans les bras de son père. Il ressemble à un saint auréolé sur un tableau. Même vêtu de noir, il rayonne. Ce moment est fort, je le grave à jamais dans ma mémoire. Il s'avance vers moi, se jette dans mes bras :

« Vous m'avez sauvé la vie.

— J'ai eu tellement peur pour toi. »

Je le serre, pour m'assurer qu'il est bien vivant. Nous pleurons ensemble. C'est la fin de notre séparation.

La gendarme qui m'avait prêté son téléphone plus tôt croise brièvement mon regard. Ses yeux sont rouges. Il est 17 h 30. Un gendarme s'approche. Nous sommes toujours enlacés. Il nous propose de rejoindre le PC, le poste de commandement, afin de rencontrer les autorités.

Nous attendons. J'ai froid. Je n'ai ni mangé ni bu, je porte toujours le même blouson, et je n'ai pas encore pu contacter mes proches, en dehors de ma femme.

Deux voitures de gendarmerie nous séparent. Lilian part avec son père, moi, avec un brigadier silencieux. Que pourrait-il me dire ? Ils nous emmènent plus haut, à l'entrée de la zone industrielle, sur le rond-point. Là où les décisions ont dû être prises.

Devant le PC, on nous demande encore d'attendre, dehors, debout. J'ai toujours froid. Lilian parle un peu avec son père, mais le silence domine.

Il est environ 18 h 30. Un gendarme s'approche, solennel. Il nous annonce que les autorités viendront nous voir. Je ne comprends pas, mais j'obéis. J'attends. Mon jeune salarié aussi.

Une demi-heure passe. Parfois, des gendarmes nous abordent. L'un d'eux, nous dit :

« Ils terminent leur réunion et veulent vous saluer. »

Nous obéissons, encore. Nous attendons, toujours. Mais tout ce que je ressens, moi, c'est le froid.

Nous restons là, debout. Finalement, le député de notre circonscription, un général de gendarmerie et une poignée d'officiels viennent nous adresser quelques mots et nous serrer la main.

Un gendarme revient. Il nous informe que nous serons emmenés pour effectuer notre déposition. On attend devant le PC. Une voiture banalisée vient chercher Lilian. Quelques minutes plus tard, une autre arrive pour moi. Je monte à l'arrière, un gendarme à côté de moi. Silence total. Pas un mot pour me rassurer. Je me sens comme un suspect.

Cinq minutes plus tard, nous arrivons à la gendarmerie. Je m'installe dans la salle d'attente, seul. Il est un peu plus de 20 heures. L'agitation autour de moi contraste avec mon immobilité. J'ignore si Lilian est là. Un homme en civil arrive, m'invite à le suivre. Nous traversons un couloir. Il me conduit dans un bureau. Une femme, en civil aussi, m'indique de m'asseoir.

Celui qui m'a accompagné s'installe derrière une machine à écrire d'un autre temps. Le cliquetis me rappelle les vieux films policiers. Il me demande de tout raconter. Sans omettre aucun détail.

« Ce doit être fait tout de suite, pour que ce soit le plus proche possible de la réalité », affirme-t-il.

Je voudrais lui dire que je suis épuisé, que je veux rentrer, retrouver ma famille, oublier tout ça. Je replonge pourtant docilement dans ce cauchemar.

Il tape d'un doigt, lentement. Mon rythme se brise sur sa lenteur. Ses questions, qui interrompent mon récit, sont précises, chirurgicales. Elles fouillent mes plaies encore ouvertes.

« Comment étaient leurs vêtements ? Étaient-ils rasés ? Quelles armes portaient-ils ? »

Je veux me débarrasser de chaque souvenir douloureux, comme pour me laver de cette journée.

Après deux heures de déposition (que je ressens comme un interrogatoire), la policière sort pour vérifier mes dires auprès de Lilian.

Quinze minutes plus tard, elle revient.

« Lilian confirme. »

Il est ici. Mais Lilian n'a jamais vu les deux terroristes. Qu'a-t-elle bien pu vérifier ? Peut-être le début de mon récit ?

Ils se relaient. La femme revient sur les mêmes questions, insiste sur les mêmes détails. Je prends sur moi, j'obéis. J'ai froid. Toujours pas mangé, pas bu.

Cela ressemble à un interrogatoire sans fin. Je me sens mal à l'aise, comme si j'étais complice. Mais de quoi ? Je réponds pourtant, minutieusement, comme un automate. Suis-je sorti de l'enfer ? Je n'en suis pas vraiment certain.

L'épreuve me semble interminable. Je suis exténué, mais je sais que répondre précisément est important. Alors je me soumets, comme un bon élève. Comme le fils d'immigré italien que je suis, celui qui devait bien se tenir à l'école et rentrer le soir dans la maison en bois construite par son père.

Ils sont devant et derrière moi, communiquent sans mots. Leur complicité est évidente. Je me sens cerné, observé sous tous les angles. Mon esprit flotte, seul mon système nerveux me maintient éveillé. Il est 1 h 30 du matin quand la femme me dit enfin : « C'est fini, vous pouvez rentrer chez vous. »

Elle me tend une feuille avec des noms d'associations de victimes, précisant que l'AFVT, l'Association française des victimes du terrorisme, est sérieuse. Je la remercie, sans trop savoir pourquoi.

Elle me tend ma déposition. Je suis bien trop fatigué pour la relire, je signe. Elle me demande si je veux porter plainte.

« C'est nécessaire pour avoir accès au dossier de procédure. »

Elle me remet sa carte de visite, me propose un verre d'eau. J'ai soif, mais je refuse. Je veux partir. Je me lève. L'homme me raccompagne.

Dans ma déposition, j'ai dit que les deux assassins avaient été « gentils et corrects » avec moi. Pourquoi ai-je dit ça ? Sorti vivant, la notion de danger a changé. Être en vie me paraît si incroyable. Je repense aux questions des policiers qui ne collent en rien avec mon vécu. Elles me semblent incongrues, décalées, parfois suspicieuses.

Je sors enfin. Mon épouse et Stéphane, mon chef d'atelier, m'attendent depuis minuit. J'enlace ma femme. L'étreinte semble irréelle. Stéphane m'entoure aussi de ses bras. Mes émotions remontent, troublantes, perturbantes. Le sentiment de sécurité revient. On ne pleure pas, on tient bon.

Stéphane prend le volant, je m'assieds devant, ma femme derrière. Il nous dépose à la maison. Il y a des journalistes devant la porte, mais ils ne nous remarquent pas. Ma sœur, mon frère, leurs conjoints, Marie-Anne et Valentin, nos enfants, sont là. Stéphane repart.

Je les serre dans mes bras, les émotions m'envahissent. Je me sens entouré d'amour. « C'était dur, très dur », dis-je.

Je suis fatigué, incapable de raconter quoi que ce soit. Il est 2 heures du matin. Ma famille dit qu'elle va me laisser me reposer.

Je vais me coucher, enfin, mais le sommeil ne vient pas. Les images me hantent, m'empêchent de dormir. Parmi toutes ces pensées, une obsession émerge : celle de récupérer mes papiers, déposés dans le premier tiroir de mon bureau.

CHAPITRE 7

Identité

Aux premières lueurs du jour, je veux rester au lit. Je n'ai pas dormi. Des flashs, un bourdonnement, un bruit sourd de foule au ralenti m'assaillent. La fatigue me broie. Pourtant, par habitude, je me lève, me lave, m'habille. Mon épouse entre, me tend le téléphone.

« C'est le sous-préfet. »

Je prends l'appareil, incapable de parler. Il m'explique qu'il est à ma disposition, que « tout ira bien ». Il insiste pour me donner son numéro. Je parviens à lui demander comment récupérer mes papiers d'identité restés à l'imprimerie. Il me dit d'appeler la personne qui a pris ma déposition.

Pourquoi ces papiers ne sont-ils pas dans ma poche ? D'habitude, ils y sont toujours. Quand les assassins m'ont demandé d'appeler la gendarmerie, je les ai glissés dans le premier tiroir de mon bureau, machinalement. Était-ce pour protéger ma famille ? Étais-je prêt à mourir ? Peut-être.

J'ai besoin de les retrouver pour me retrouver. Je raccroche, mets mon blouson noir de la veille – celui qui deviendra mon armure pour un mois au moins. Je refuse l'idée même qu'on puisse le toucher, le laver.

Dehors, la rue est envahie de journalistes. Les voisins ne peuvent plus rentrer chez eux. Nous avons fermé les volets. Le téléphone ne cesse de sonner. Certains journalistes frappent à la porte, d'autres pénètrent dans le jardin, le portail usé ne les retient plus. Nous n'écoutons plus la radio, nous ne regardons plus la télé.

Je n'ai plus faim. Cela durera plus d'un mois. Je ne mangerai que par automatisme, poussé par mon épouse.

***

Enfant, je ne mangeais pas jusqu'à ce que mon père m'en apprenne le sens :

« Manger, c'est respecter la nourriture qu'on te donne. »

***

Je me verse juste un café. Je tremble, je n'arrive pas à parler. Je vacille. Comme un arbre sans sève, près de se briser. Je bégaie, pleure tous les trois mots. Pourtant, chez nous, on ne pleure pas. Mes enfants, eux, sont bouleversés de me voir ainsi, démuni. Pour la première fois de mon existence, la pudeur m'abandonne.

Nous sommes samedi. J'appelle la commissaire et lui expose ma demande. Elle me répond que ce n'est pas possible. Le bâtiment est sous scellés. Il faut l'autorisation du procureur, qui doit à son tour obtenir celle du Premier ministre. Elle promet de me rappeler.

Je raccroche, secoué, perdu. Mon épouse et moi sommes inséparables, blottis sur le canapé, n'ayant plus de larmes, l'un contre l'autre.

Une heure plus tard, la commissaire rappelle :

« Nous sommes en route, nous avons l'autorisation. Venez à l'imprimerie. »

Dès que nous franchissons la porte, les photographes nous assaillent.

« Monsieur Catalano ! »

Les flashs m'aveuglent, les journalistes crient, mais les gendarmes les retiennent. Nous parvenons enfin à quitter la cour, grâce à eux.

Nous nous dirigeons vers l'imprimerie, toujours suivis par des journalistes à moto et en voiture. Un premier barrage nous laisse passer, ainsi que les journalistes. Près de l'imprimerie, nous nous garons sur le parking d'une entreprise voisine où un groupe de gendarmes arrête les reporters. Un autre barrage de la gendarmerie nous contrôle à l'entrée, nous demandant nos papiers et le motif de notre venue. Je réponds que je suis le gérant et que mes papiers sont à l'intérieur. Heureusement, la commissaire qui m'avait donné rendez-vous est déjà sur place et ordonne aux gendarmes de nous laisser passer. Ce qui signifie une chose : je ne suis plus chez moi. Ma femme non plus.

Nous avançons, serrés l'un contre l'autre. De mon bâtiment j'ai toujours en tête les images de la veille. Nous avançons avec appréhension, le téléphone sonne, c'est la mère de mon épouse. Véronique répond et fond en larmes.

« On a tout perdu, tout est détruit, on n'a plus rien. »

En effet, nous sommes devant notre entreprise, ravagée à l'intérieur, certains murs soufflés, la baie vitrée en miettes, le matériel inutilisable, deux trous béants dans la façade causés par les explosions. Le bâtiment est tordu, victime du terrorisme. Et criblé de balles : les forces de l'ordre ont tiré près de huit cents balles au moment de l'assaut.

Mon cauchemar est réel. Mais pour Véronique, c'est pire. C'est la première fois qu'elle voit l'imprimerie, après avoir seulement entendu les explosions à la télévision. Elle ne s'attendait pas à une telle destruction. Quatorze ans de travail acharné anéantis, tout est parti en quelques secondes. Nous avions trois enfants : Valentin, Marie-Anne, et notre entreprise.

« Vous avez sacrifié les deux premiers pour vous occuper du troisième », nous reprochent parfois notre fils et notre fille.

Nous retrouvons la commissaire devant le grillage. Quand elle voit les traces de sang, Véronique s'évanouit. Je la rattrape de justesse, elle reprend rapidement connaissance. Elle est livide. Je tente de la rassurer :

« Ne t'inquiète pas, on s'en sortira. »

***

Cette phrase l'énervera plus tard :

« D'accord, mais quand ? »

Nous avons survécu à la crise des subprimes. L'entreprise avait perdu 30 % de son chiffre d'affaires. Nous nous disions qu'il fallait tenir jusqu'en 2014, quand nous aurions fini de rembourser les machines. En mars 2015, nous aurions achevé de payer le bâtiment. Nous projetions d'acquérir une maison en Normandie.

***

Ce cauchemar nous ruine. Endettés, sans outils de travail, sans argent de côté, nos souvenirs envolés, comment envisager la suite ?

La commissaire me dit :

« On peut entrer.

— Viens, Véronique. »

La commissaire répond :

« Non, seulement monsieur Catalano. »

Véronique réplique :

« C'est mon bâtiment aussi ! »

La commissaire répond :

« Mais nous n'avons l'autorisation que pour monsieur Catalano. »

Véronique, frustrée, abasourdie, me dit d'y aller.

N'ayant plus la force d'être en colère, je réponds :

« Allons-y. »

Nous entrons dans ce qui est maintenant une ruine. Il y a beaucoup de monde, des gens en combinaison partout. Plus j'avance, plus je m'estime spolié, traité comme un coupable.

Mon odorat n'est pas très développé, mais ce matin, je sens toutes les odeurs : le brûlé, l'humidité... Tout m'envahit, tout m'agresse, même le bruit des pas.

En montant l'escalier, j'entends de nouveau le martèlement du lance-roquettes contre les barreaux de l'escalier bleu en colimaçon conduisant au premier étage. Les images de la veille me reviennent. J'avance lentement. Le souffle court, je me mets à transpirer. Nous sommes pourtant au cœur de l'hiver. Chaque pas est un calvaire, comme avancer dans des sables mouvants. L'envie de fuir est constante : je veux sortir pour retrouver Véronique, je ne veux plus la laisser seule.

Cette fois, je replonge dans l'assaut. Hier, j'avais mis de côté les bruits de la destruction ; maintenant, le souvenir des détonations m'envahit. Mais je dois récupérer mes papiers, mon identité.

Mon bureau est dévasté. Le GIGN est probablement passé par la fenêtre qui a explosée. C'était mon univers : photos de famille, passions, souvenirs personnels. Là où je me sentais en sécurité.

Avec vingt-quatre heures de retard, je vis intensément et rétrospectivement le moment où j'ai appelé les gendarmes sous la menace du cadet et de son arme pointée sur moi. J'ouvre le tiroir pour chasser cette vision. La commissaire est collée à moi, suivant chacun de mes mouvements.

Je prends mon portefeuille, l'ouvre sur mon bureau jonché de débris de verre. J'en sors mes cartes bleues, ma pièce d'identité et mon permis de conduire, que j'étale. La commissaire prend des photos. Je referme mon portefeuille, le replace dans le tiroir. Il faut prendre le strict nécessaire. Mon regard ne se porte sur rien alors que je quitte cet enfer pour retrouver mon épouse.

Je la prends dans mes bras :

« J'ai tout récupéré, on rentre. »

Nous reprenons la voiture pour aller chez ma sœur, qui nous accueille en ces moments difficiles. Pendant quinze jours, elle nous invite à sa table, comme une mère, la mienne étant trop accaparée par les problèmes de santé de mon père.

Dans la voiture, pas un mot, pas un échange. Arrivés enfin chez Thérèse, Véronique et moi ne pouvons nous extraire du chaos qui a ravagé notre vie. Le repas nous attend, mon frère et ma sœur sont là, avec nos enfants. La douleur pèse dans tous les regards. J'ai besoin de m'exprimer. Je pleure plus que je ne parle. J'essaie vraiment d'échanger, tout en tentant de retenir mes larmes.

Nous passons à table et Véronique s'effondre. Je lui propose d'aller voir notre médecin. Elle quitte la table pour prendre un rendez-vous.

***

Bien plus tard, ma femme me détaillera la nature de son appel avec le cabinet médical :

« Je me suis isolée dans le bureau pour passer l'appel. Je suis tombée sur le remplaçant. Je lui ai brièvement expliqué qui j'étais et le lien avec les événements d'hier. Il m'a répondu qu'il était complet, agacé par mon appel qui tombait au milieu de sa consultation. J'ai senti que je le dérangeais. Il a rapidement mis fin à la conversation. J'ai raccroché, abasourdie, stupéfaite par son manque de compassion. Je pensais recevoir du soutien, une oreille attentive, mais je me suis sentie encore plus abandonnée, et je suis revenue parmi vous. »

Le 10 janvier 2015, elle m'avait juste dit : « Il n'a pas de place. »

Je me rappelle avoir été contrarié par cette réponse. Mais j'ai depuis compris à quel point j'avais été incapable de réagir face à sa souffrance.

***

Je ne me souviens pas du repas. Ma sœur tente probablement de nous réconforter avec sa cuisine maison. Mais je ne sens aucun goût. Seul le café parvient à me faire du bien, à me réchauffer. Mais sa saveur est devenue ambivalente. Elle incarne l'Italie, mais aussi les moments passés avec les deux frères.

Après le repas, nous remercions ma sœur et repartons en voiture avec nos enfants. À cent mètres de chez nous, des camions avec des paraboles, des voitures, des motos, des journalistes et des curieux se pressent autour de notre foyer. Nous sommes bombardés de flashs et devons nous frayer difficilement un chemin pour accéder à notre maison.

Dans la cour, Georges, un ami de longue date, nous attend.

À l'intérieur, les volets sont toujours fermés. Nous allumons la lumière. Un gendarme veille à ce que les journalistes n'entrent pas dans la cour. Nous nous installons autour de la table basse du salon. Georges lâche, comme malgré lui :

« Mon Dieu, quelle horreur, heureusement que tu es avec nous ! »

La veille, il a été contacté par des journalistes, qui lui ont demandé s'il connaissait les lieux, s'il pouvait leur fournir mon numéro de portable et des renseignements sur moi. Il n'a rien dit.

Inquiète quant à mon état, Véronique me pousse à effectuer une démarche :

« Il faut que tu voies quelqu'un. »

Je vais dans la cuisine, laissant tout le monde au salon. Je prends la liste des associations de victimes que m'a laissée la policière. J'appelle un premier numéro. Ça sonne dans le vide. Le deuxième numéro, pareil.

Je décide de composer un numéro de portable qui a été noté à la main sur la même feuille. Quelqu'un décroche. Je détaille mon identité et on me passe un psychologue. Il me salue. Je lui explique que c'est difficile.

« Je comprends », répond-il.

J'évoque brièvement les événements, comme je le peux. Il me propose de venir au siège de l'association à Paris. Je ne m'en sens pas capable.

« Ce n'est pas grave, n'hésitez pas à m'appeler quand vous voulez, le matin comme le soir. »

Je le remercie et il m'envoie son numéro de portable personnel.

Je découvre que je vais avoir besoin d'un psy. C'est quelque chose qui ne me ressemble pas. Mais je suis soulagé : malgré mes appréhensions, une personne ne semble pas dépassée par ce que je vis. Je suis entendu.

Débarquent Philippe et Florence, un couple d'amis d'enfance. Moi, comme un pantin désarticulé, je suis ailleurs. Mes amis m'étreignent. Philippe n'est pas un homme tactile. Mais il est bouleversé. Il a réellement eu peur de me perdre. Avant aujourd'hui, je ne l'ai jamais vu pleurer.

Si un homme blessé à la jambe se relève, on dit qu'il est courageux. Mais une blessure psychologique, personne ne la voit. Cette plaie mentale, je ne peux pas en parler. J'ai du mal à m'entendre, à m'écouter. Le traumatisme reste confus. Il ne s'entend pas, il ne s'écoute pas. Il se vit.

On frappe à la porte. Véronique se lève et ouvre. Des journalistes veulent l'interroger. Elle refuse poliment. Quand elle veut refermer la porte, on lui tend un morceau de papier plié en deux. En rentrant, elle pose ce document sans y prêter attention.

***

Plus tard, je tomberai dessus par hasard. Une journaliste anglaise m'y proposait une somme d'argent importante en échange de l'exclusivité sur mon histoire. Comment accepter de monnayer ma douleur ?

***

Véronique revient, affolée par le nombre de journalistes qui patientent. Quelques minutes plus tard, un gendarme frappe à la porte pour nous conseiller de leur parler, seul moyen qu'ils déguerpissent. Véronique refuse. Moi, ne pouvant plus gérer la moindre contrainte, je décide de me plier à l'exercice.

Véronique finit par accepter, et nous suivons le gendarme. Mon fils et ma fille nous accompagnent. Une marée de caméras nous attend. Les micros sont tendus, les flashs crépitent. Tous s'écrient :

« Monsieur Catalano ! Monsieur Catalano ! Monsieur Catalano ! »

Je bascule de nouveau dans une forme d'hypervigilance. Comme face aux deux frères. Je sais que, derrière ces objectifs, des millions de personnes me verront.

« Comment allez-vous, monsieur Catalano ?

— Je vais bien, je réponds, même si ce n'est pas du tout le cas.

— Qu'est-ce qui s'est passé ? »

Je raconte. Une nouvelle fois. Et la blessure en moi se rouvre instantanément.

Après ce premier contact avec la presse, les reporters s'éclipsent. Les portes des véhicules claquent. Je ressens un vide profond. J'ai parlé aux journalistes avant même d'avoir réussi à aborder le sujet avec ma famille, avec mes proches. J'ai l'impression que l'on m'a volé quelque chose.

CHAPITRE 8

« Ne m'enfermez jamais »

Avec Véronique et nos enfants, nous rentrons dans l'intimité de notre foyer. Les journalistes sont moins nombreux, les gendarmes partent. Le reste de la famille arrive enfin. Mon frère, ma sœur et leurs conjoints nous réconfortent avec leurs soins précieux. Avec Véronique, nous nous apaisons… Enfin, on prend en compte notre état.

À Dammartin-en-Goële, une marche est organisée. On nous sollicite, mais je suis absent. Déconnecté.

La question de l'avenir de l'entreprise se pose déjà. Que dire aux employés ? Comment surmonter tout cela ? Ma sœur appelle le maire de la ville, qui contacte le sous-préfet. Ce dernier, bienveillant, me joint dans la soirée. Il m'offre son aide. Mes premiers mots :

« Comment vais-je payer mes employés ? »

Rassurant, il me dit de venir le voir dans deux jours pour trouver des solutions.

Après le repas, nous nous retrouvons à quatre. Véronique, Marie-Anne, Valentin, et moi. La douleur nous isole. Nous nous couchons, hébétés. Étrangers les uns aux autres. Cet événement nous a séparés. Véronique, à côté de moi, semble si loin. En éteignant, j'appréhende. Pour la première fois, nous n'arrivons pas à partager.

***

Six ans plus tard, Véronique aura ces mots :

« Michel était resté là-bas. Il est revenu à la maison, physiquement, mais il est resté dans sa bulle. Il ne pouvait pas parler alors qu'il hurlait "Au secours !" »

Nous nous étions construits autour d'une histoire commune depuis nos 17 ans. La perte de mes parents fut une douleur partagée. Lorsque le père de Véronique est mort, j'étais son pilier.

Cette fois, nos souffrances devenaient parallèles. Elles étaient si différentes que nous aurions pu nous séparer. Chacun partait de son côté, ajoutant une peine supplémentaire à l'autre.

***

Deuxième nuit après le drame. La douleur, l'angoisse. Le silence et l'obscurité m'agressent. Un vide oppressant. Les deux frères m'ont replongé dans ce monde de l'enfance, plein de phobies que je croyais vaincues. Une peur sourde de mourir en m'endormant me saisit. Je lutte seul, pris entre ces terreurs infantiles résurgentes et la peur rétrospective de mourir pendant cette prise d'otage.

Le combat nocturne m'épuise. Je me lève, exténué, arraché à ce lit devenu un instrument de torture. Je descends pour préparer le petit déjeuner. Ma fille, elle aussi épuisée, me rejoint. Rassurante. Proche. Elle propose de tout préparer. Cela me réconforte, elle cherche le contact, chose rare chez elle. Mais je me sens grabataire, privé d'autonomie, submergé par un sentiment d'impuissance. Suis-je devenu inutile ? Presque indigne de vivre ?

Pour la première fois, je doute. La notion même de suicide est bannie de mon existence. Mon grand-père s'est pendu. Mon père en a culpabilisé toute sa vie. Même face à la douleur du cancer, agonisant, il a repoussé l'idée d'écourter ses jours pour ne pas suivre le même chemin.

Le maire de Dammartin m'appelle. Une antenne psychologique a été installée dans la commune, et il me recommande d'y aller.

C'est nécessaire. J'en ai besoin, même si j'ai peur d'un diagnostic.

Après le petit déjeuner, Véronique et Marie-Anne m'encouragent. Une fois sur place, le maire nous accueille et nous fait passer en priorité. Une femme attend avec ses enfants, elle accepte gentiment de nous céder sa place. Cela me soulage, je n'aurais pas pu patienter.

C'est la première fois que je raconte, vraiment, ce qui m'est arrivé. Rien à voir avec une déposition ou une interview. Face au psychiatre, je m'effondre. Les mots sont noyés dans les larmes. Dire, c'est appuyer sur une plaie ouverte. Enfin, le verdict tombe :

« Monsieur Catalano, pour vous en sortir, il vous faut du repos, aller à l'hôpital, prendre des médicaments. »

Pour moi, l'hôpital signifie l'enfermement. Ces mots résonnent comme une condamnation :

« Vous êtes fou, il faut vous enfermer, vous médicamenter. »

Je retrouve Véronique, terrifié. Je déclare solennellement :

« Ne m'enfermez jamais. »

Je suis assommé, comme un boxeur qui encaisse les coups, mais qui doit rester debout à tout prix. Dans ce chaos, je décide de me battre, de puiser dans mes dernières forces pour éviter cet enfermement que je crains.

Sur le chemin du retour, je me promets de ne pas céder. On me propose l'anesthésie. Je veux rester là, présent, même dans la douleur. Elle est violente, mais elle me maintient en vie. Je veux vivre, comprendre. Être compris.

***

Toute ma vie, les « Tu n'y arriveras pas » m'ont galvanisé. Quand j'ai voulu devenir VRP[1]*. Quand j'ai pris la décision d'arrêter de fumer. Quand j'ai intégré le comité directeur de mon club de hockey sur gazon à seulement 18 ans. Et surtout quand j'ai décidé d'ouvrir mon entreprise.*

***

De retour chez nous, notre fils nous dit qu'il veut annuler un voyage prévu de longue date avec des amis.

1. Voyageur représentant placier (N. d. É).

Mais nous insistons. Il a besoin de s'échapper. Je sais qu'il en reviendra apaisé, même s'il en conservera une certaine culpabilité.

Ma fille, elle, refuse de retourner à son internat. Elle décide de prendre soin de nous. Sa bascule dans l'âge adulte est aussi rapide que perceptible. Difficile pour ma femme et moi de laisser une jeune femme de 19 ans se charger de tout.

La nuit revient, avec sa cohorte de cauchemars. L'insomnie aussi. La lumière reste allumée.

Un nouveau matin, et je n'ai toujours pas dormi. Un café. Les reporters qui rôdent à proximité de la maison. La folie me guette.

À 8 heures, j'appelle le psy. Il répond immédiatement. Je m'excuse pour l'horaire matinal.

« Je vous avais dit que vous pouviez appeler à tout moment. »

CHAPITRE 9

Reconstruire

12 janvier. Lundi matin.

Les reporters campent toujours dehors. Leur priorité : me faire parler, me réduire à un événement. Je veux juste me relever. Un journaliste me dit que mon histoire ne m'appartient plus, qu'elle appartient désormais à l'histoire. Violence.

J'appelle le psy. Je parle de mes insomnies, de ma tête qui explose. Il m'ordonne de prendre soin de moi. Comme si je le pouvais… J'ai toujours pensé aux autres. Mis de côté mes souffrances. Je ne comprends pas ce qu'il veut dire. J'évoque mes responsabilités. Il me rappelle ce que j'ai subi. C'est la première fois que quelqu'un, en dehors de ma famillc, se soucie de moi. Je veux dire, se soucie *vraiment* de moi. Cela me force à réfléchir. Je finis par l'admettre : je suis une victime. Jusqu'à cet instant, je refusais de l'être. Je me voyais comme un blessé, un athlète qui va se remettre. J'ai perdu mon armure, mais je veux continuer à me battre. Il me convainc que je dois réparer ma cuirasse avant de repartir batailler. Je suis donc une « victime ». Mais je me le promets : je n'en resterai pas une longtemps.

Début janvier, je suis en pleine forme, physiquement affûté, entraîné. Le lundi 12, je suis détruit. Je devais participer à la Coupe d'Europe de hockey, dans la catégorie des masters. Je n'y participerai plus jamais.

Face à la mort, une partie de votre énergie vitale s'échappe. Et il faut du temps pour la regagner.

***

Quelques semaines plus tard, en présence de mon psychologue, j'ai revécu dans le bâtiment délabré de mon entreprise cette journée du 9 janvier. Entre l'épuisement et ma surcharge de travail, je ne voulais pas aller au bout de cette démarche thérapeutique. Il m'a exhorté :

« Faites-le ! Sinon, vous allez mourir… »

***

J'entame sans le savoir un marathon. Toute la semaine ne sera qu'un enchaînement de procédures, de responsabilités. Je dois tenir bon, malgré l'entreprise détruite, les clients à satisfaire, sans téléphone professionnel.

Notre salle à manger devient mon bureau. L'opérateur transfère les appels. Véronique répond, d'abord, mais elle est vite dépassée par les demandes de la presse, des services de l'État… Nous acceptons l'aide de Ghislaine, une amie. Nous sommes de retour quatorze ans en arrière, quand tout se gérait depuis la maison.

Je dois avancer. Jean-Noël Imbert, le sous-préfet, me promet son soutien. Il s'occupe des démarches, m'ouvre des portes. Humain, il est là, présent, y compris physiquement. Mes sept employés ne disposent plus de leur lieu de travail. C'est mon allié de la sous-préfecture qui trouve la solution : ils seront placés en accident du travail. Cela me soulage un peu.

Il paraît que l'Élysée doit m'appeler. Je n'y prête pas attention.

Les messages de soutien affluent. Dix mille lettres, au moins. Le premier mois, ma boîte mail explose. Les courriers arrivent du monde entier. Dans ce flot, des insultes. Des gens râlent, car Dammartin est bloqué. Ce type de réactions me blesse. C'est une petite minorité, mais ça fait mal.

Les curieux défilent devant l'imprimerie. Des familles viennent voir de leurs propres yeux l'étendue de nos pertes. Des voitures luxueuses passent lentement. Un jour, une grosse berline aux vitres teintées s'arrête. Je nettoie, seul, l'espace devant le bâtiment. Je sens une présence dans mon dos. La vitre descend. Deux hommes me fixent. L'un sort son téléphone, filme. Ils repartent. J'ai froid dans le dos, mais je continue à nettoyer.

Je ne le sais pas encore, mais ce manège des badauds durera... un an!

Certains veulent nous aider gratuitement, comme cette secrétaire au chômage qui propose de ranger nos papiers. Mais ce n'est pas légal. Nous prenons finalement une free-lance, rémunérée.

Je travaille sans m'arrêter. Plus tard, lors de l'expertise par la psychiatre du Fonds de garantie, on me reprochera de ne pas avoir pris de congés. Pour elle, si je bosse, c'est que je vais bien, que je ne suis pas traumatisé.

Je me demande si je vais continuer. Nous avons besoin de nous protéger. Les gens nous observent, chuchotent. Nous nous comportons comme des parias, quittant la maison discrètement, cachés dans les voitures de nos amis.

Les Dammartinois nous demandent de rester, de reconstruire. Je perds de l'argent. Les charges s'accumulent, mais je ne peux plus produire. Les assurances, l'administration, tout est difficile.

Le ballet des curieux se poursuit. On parle encore de nous.

La sécurité est renforcée autour de notre ruine. J'ai dû payer des vigiles, 38 000 euros. De ma poche. L'imprimerie est meurtrie et se détériore, l'eau et la neige s'infiltrent.

Un ami, pour nous changer les idées, nous invite au restaurant ; tout le monde me reconnaît. Ce n'est pas méchant, mais c'est lourd. Ce soir-là, en rentrant, nous repassons devant l'imprimerie et je vois une lumière à l'intérieur. Le vigile ne l'a pas remarquée. C'est un journaliste. Il a pris des photos. Je lui demande de les effacer devant moi. C'est pour cela que nous embauchons trois vigiles supplémentaires, avec des chiens.

Puis, un jour, le téléphone sonne. C'est l'Élysée. Le président François Hollande veut me parler. On me demande si je peux m'entretenir avec lui le vendredi suivant. J'accepte.

Le vendredi 16 janvier arrive. Je suis entouré de mes proches. À 20 heures précises, le téléphone sonne. Le Président me parle. Il me demande comment je vais. Je réponds que je suis ruiné. Il veut savoir comment j'envisage la suite. Je lui dis que j'aime mon métier, ma ville, ma région, et que je veux reconstruire.

Le chef de l'État s'en réjouit :

« Ce sera une belle image pour la France, on ne vous abandonnera pas. »

Ces mots me touchent. Je me sens regonflé, prêt à me battre.

Je raccroche, je m'assieds. Véronique aussi. Nous allons reconstruire. Ma famille décide de me suivre, alors que j'ai pris cette décision à l'instant, au moment où François Hollande m'a posé la question. Jusqu'à ce moment précis, j'hésitais. Plus maintenant.

Je suis tombé avec la destruction de mon entreprise. Reconstruire au même endroit, c'est me relever, ne pas fuir. Je ne pouvais pas quitter cet endroit ainsi. Mais je ne savais pas encore à quel point cette reconstruction serait un parcours du combattant.

CHAPITRE 10

D'où je viens

Depuis trois semaines, le bâtiment est inaccessible. Aujourd'hui, on m'autorise enfin à y pénétrer. La police m'appelle :

« Demain, à 10 heures, on enlève les scellés. Vous pouvez accéder au bâtiment librement. »

Rendez-vous est pris avec les assureurs.

Avec mon épouse, nous entrons. Tout est humide. Nous pataugeons dans des flaques d'eau. Après avoir effectué un premier tour de reconnaissance, nous nous rendons à l'évidence : les dégâts sont considérables. Plus importants que je ne l'avais perçu lors de ma première visite au lendemain de l'attaque terroriste. Tout est abîmé, par les explosions, les coups de feu. Et ce qui n'a pas été touché le 9 janvier se détériore lentement sous l'effet conjugué de la pluie et du froid. Rien n'est récupérable. Nous sommes ruinés.

« Tu crois qu'ils vont nous rembourser ? demande ma femme.

— Ils m'ont dit que c'était un cas exceptionnel, ils tiendront compte des événements », dis-je pour la rassurer.

Je renforce la porte et le portail comme je le peux, avec des barrières. L'odeur dans le bâtiment nous écœure. De grosses plaques rouges apparaissent rapidement sur les mains et les bras de Véronique. C'est une allergie. Les gendarmes, prévenus, arrivent avec leurs laboratoires mobiles pour effectuer tests et prélèvements. Ils portent des combinaisons, des masques. Nous ? Rien. Un gendarme me dit :

« C'est trop tard pour vous. »

La mort violente évitée, c'est l'intoxication qui menace.

Jeudi 29 janvier, 14 heures. Le jour de la rencontre avec les assureurs arrive. Véronique et moi sommes seuls face à une dizaine d'experts et de directeurs en tous genres. Ils refusent d'entrer, effrayés par l'état des lieux. Nous leur fournissons des casques et des gants. Il n'y en a plus suffisamment pour nous. Tête nue, nous

nous engageons dans la ruine qu'est devenue mon imprimerie. Ils nous regardent pourtant avec méfiance. Je bégaie, peine à parler. L'un d'eux murmure :

« Ça me fait penser à l'explosion de l'usine AZF, près de Toulouse. »

Un autre me demande de raconter mon histoire. Aucun ne prend de notes sur l'état du bâtiment.

Je m'interroge sur la raison réelle de leur présence. C'est le moment que choisit l'Élysée pour m'appeler. J'indique à la secrétaire que je suis en rendez-vous avec les assurances et je lui demande de me rappeler plus tard. L'expert insiste sur la récupération possible du papier d'imprimerie. Je lui rétorque qu'il a pris la pluie pendant trois semaines. Et puis il est criblé d'éclats de balles et de grenades. Il propose de sauver le plancher, les IPN, ces grosses poutres en acier utilisées dans les charpentes des bâtiments. Je comprends alors qu'aucun cadeau ne nous sera fait. Les promesses laissent place à d'âpres négociations.

Un ami me procure des bâches et des barrières. On commence le nettoyage. Véronique y met toute son énergie. L'argent se fait rare, les rentrées sont inexistantes. Et l'entreprise agonise.

Les commerçants de Dammartin-en-Goële et d'Othis organisent une cagnotte. Un peu plus de

102 000 euros seront ainsi récoltés. À la mairie, une boîte à dons est mise en place. Nous nous sentons seuls, pourtant beaucoup se mobilisent.

L'Élysée m'invite à une cérémonie avec les survivants de l'attentat contre *Charlie Hebdo* et de la prise d'otages de l'Hyper Cacher. Ma femme n'est pas conviée. Je refuse de venir sans elle. Finalement, sa présence est acceptée. C'est bien la moindre des choses. Le jour venu, au sein de l'École militaire, nous attendons dans plusieurs salles, sans savoir en présence de qui nous nous trouvons. Beaucoup ne sont pas des victimes. Certains prennent des selfies, rient. L'ambiance est insoutenable. Tout le gouvernement est là. Le Premier ministre, Manuel Valls, prononce son discours avant le Président. Ensuite, échanges avec les officiels. Certains sont impliqués, d'autres semblent réellement indifférents.

Retour à la maison pour travailler. On nous prête un ordinateur et une imprimante. Une entreprise de Dammartin m'héberge dans ses bureaux. Les journalistes attendent dans l'escalier. J'accepte quelques interviews, d'être suivi par l'émission *Complément d'enquête*. Peu à peu, je m'exprime mieux. Mais manger et dormir restent difficile.

Le 15 février, « mon » sous-préfet m'appelle :

« Quelqu'un d'important viendra demain matin à l'imprimerie. »

J'imagine naïvement que c'est le préfet.

J'arrive le matin à 7 h 30. Devant mon entreprise, une voiture et deux personnes à l'intérieur. Je me gare, méfiant. Je vois sortir le sous-préfet et il me redit :

« Il y a quelqu'un d'important qui arrive.

— Ah, c'est le préfet ! je réponds, candidement.

— C'est plus haut… Le président de la République. Il sera là à 8 heures. »

Je préviens Véronique, elle accourt avec les enfants. Jamais ils ne se sont préparés aussi vite.

Le chef de l'État arrive. Un convoi impressionnant s'arrête devant Création Tendance Découverte. Mais tout le monde connaît mon entreprise sous le sigle CTD.

Le Président descend d'une petite voiture, nous salue chaleureusement :

« Montrez-moi tout ça », nous dit-il.

On fait le tour du bâtiment.

« Était-on obligé de causer tant de dégâts ? demande tout haut François Hollande, avant de constater l'évidence : Rien n'est récupérable, il faut tout reconstruire. »

Il reste plus d'une heure, échange avec Véronique, avec les enfants. Elle lui dit :

« J'espère que vous allez nous aider.

— C'est un devoir pour la France de vous aider à redémarrer », affirme-t-il.

Ses mots agissent comme un baume.

Quand il repart, nous échangeons un regard avec Véronique. Je lui lance un regard éloquent qui signifie : « On vient de rencontrer le président de la République. » Elle a conscience de l'importance du moment mais de mon côté, c'est une étrange insensibilité qui m'envahit.

Moi, Michel Catalano, fils d'immigrés italiens, j'ai tracé mon chemin humblement pour élever, dans tous les sens du terme, ma famille, ici, en France. Ce pays qui a accueilli mes parents, partis de rien. Le président de la République française est venu. Il nous a écoutés, nous a assurés de son soutien, personnel et national, dans ce désastre indescriptible. Et je ne ressens rien. Toute l'histoire de ma famille défile dans ma tête…

***

Ma famille? Des métayers italiens, sans terres ni biens. Ma grand-mère travaillait comme bonne à tout faire. Elle servait tout le monde à table, mais n'était pas admise au repas. C'était ainsi dans le sud de l'Italie à cette époque. Mon grand-père vendait sa force de travail dans les champs. Épuisée, ma grand-mère ne pouvait pas allaiter ma tante, et faute de nourrice, l'enfant est morte. Elle avait 6 mois. Carmelia est partie aussi vite qu'elle était née, emportée par la précarité. Une tragédie qui laissera à mes grands-parents une inexpugnable dureté.

Mon père s'est retrouvé seul, dernier espoir de ses parents qui n'eurent pas d'autres enfants. Il était destiné à suivre la tradition familiale. Du côté maternel, la pauvreté était encore plus grande. Si ma famille paternelle dormait au-dessus de ses animaux, mes grands-parents maternels partageaient leur couche avec les chèvres et les ânes, à même le sol. Ils se tenaient chaud. Et se considéraient comme chanceux. Dans le village, ils étaient vus comme des nantis parce qu'ils possédaient une jument dans une famille et un âne dans l'autre.

Mes parents vivaient dans des habitations qui se faisaient face. Ils n'avaient qu'à traverser une route de pierre défoncée. Un jour, mon père et ma mère se sont pris par la main et se sont promis de vivre ensemble. À l'époque, dans cette campagne d'Italie, cela signifiait un engagement.

Les garçons marchaient d'un côté de la route, les filles, de l'autre. Aucun échange, c'était mal vu.

Mon grand-père m'a raconté qu'à l'âge de 6 ans il s'était cassé la jambe en allant aux champs. On lui avait mis deux morceaux de bois comme attelles. Il n'avait pas cessé de travailler. Il a boité toute sa vie. Malgré son handicap, il a fait la guerre. Capturé par les Allemands, puis par les Russes, il s'est échappé et a marché, jusqu'à retrouver son Italie. Son compagnon de régiment, un professeur, est mort sur le chemin du retour.

Ma grand-mère avait espéré qu'il revienne pendant tout ce temps. Elle l'aurait attendu toute sa vie. Ils se sont retrouvés, et il a repris son travail de métayer. Mes deux grands-pères sont partis en 1939 et ne sont revenus qu'en 1948. Des fantômes de guerre, de retour dans leur village, essayant de reprendre une vie normale. Mon père avait 14 ans lorsqu'il a revu son père, après neuf ans d'absence. Leurs expériences les avaient séparés, ils ne se comprenaient plus. Mon père, terrorisé par ce patriarche qu'il ne connaissait plus, s'est renfermé sur lui-même.

De 14 à 30 ans, mon père a suivi mon grand-père dans les champs, se préparant à prendre sa place. Il s'est marié avec ma mère en 1958. Mon grand-père leur a laissé sa maison, une pièce de vingt mètres carrés, et s'en est acheté une autre, tout aussi petite, non loin de là. Ma sœur est née en 1959, mon frère, en 1961. Ils vivaient tous dans cette promiscuité. À l'époque, beaucoup ne pouvaient même pas se permettre ces vingt mètres carrés.

Quand ma sœur est tombée gravement malade à l'âge de 6 ans, cela a représenté une charge financière insupportable pour la famille, plongée dans le désarroi. Le souvenir de Carmelia revenait hanter mon père. Il avait déjà perdu une sœur, il craignait de perdre sa fille.

En 1965, un recruteur arriva dans le village, à la recherche d'ouvriers. Mon père y a vu une chance d'échapper à ce destin implacable. Dans cette Italie du Sud où il était destiné à finir sa vie, le rêve américain vint à lui. Acceptant l'offre, il décida de partir travailler pour une entreprise américaine en France, ne comptant que sur sa force et son travail.

Ma sœur était hospitalisée, sans espoir de guérison. Mais son destin ne serait pas celui de Carmelia.

Bien sûr, il aurait pu demander de l'aide à la mafia. Il refusa, ayant parfaitement conscience du tribut futur imposé à sa famille s'il le faisait.

Il laissa donc la femme qu'il aimait avec deux enfants en Italie du Sud, tandis qu'il partait vivre en France, seul, dans un foyer de travailleurs. C'était le prix à payer pour la guérison de ma sœur. Et pour espérer un avenir meilleur.

À Aulnay-sous-Bois, mon père travaillait désormais quarante heures par semaine. Il prit vingt-cinq kilos. En

Italie, il luttait pour survivre, il travaillait sans relâche et ne mangeait pas à sa faim, tandis que, de ce côté des Alpes, il commençait enfin à vivre. Il continuait de travailler pendant les grèves. Non par opposition à ces mouvements sociaux, mais parce qu'il lui fallait subvenir aux soins médicaux de sa fille et qu'il ne comprenait pas les enjeux de ces mobilisations. Certains grévistes lui lançaient des boulons. Lui restait indifférent à la situation.

Rapidement, mon père fit venir définitivement ma mère, mon frère et ma sœur en France. Ils s'installèrent au 5, villa des Mésanges, dans une maisonnette en bois au pied des HLM. Ce logement, malgré sa simplicité, offrait un confort bien supérieur à ce qu'ils avaient connu en Italie. Cependant, ils étaient déracinés. Ils avaient vingt mètres carrés en Italie, mais cela leur appartenait. En France, mes parents n'avaient rien, sauf leur détermination.

En 1967, je suis né à Livry-Gargan. J'ai grandi heureux au Blanc-Mesnil, avec l'espoir de pouvoir un jour vivre dans les HLM que j'observais avec fascination. Notre cabane, recouverte de feuilles de goudron pour l'étanchéifier, louée à un autre Italien, avait un toit en tuiles et des murs en bois. Les souris pullulaient. J'ai grandi dans l'insouciance, mais j'ai peu à peu pris conscience de ce qui me séparait de mes camarades. Personne ne savait où je vivais. J'empruntais de longs détours pour ne pas être suivi ni démasqué. Le prix de la honte, le moyen d'éviter la pitié.

Pourtant, ma vie sociale était riche. Le sport y occupait une grande place et, à l'école, j'étais parmi les meilleurs. À 13 ou 14 ans, je discutais avec mes amis de notre avenir. Je pensais devenir ouvrier. Je me voyais aussi percer dans le sport, sachant que ma volonté et mes aptitudes pouvaient me permettre de me démarquer. Le football, le handball, le basket : j'avais un bon niveau. Mais les valeurs et les camarades du hockey sur gazon me correspondaient davantage.

Un jour – j'avais alors 17 ans –, mon père discutait avec des collègues de ma mère. Leur discours ? Les Italiens « mangeaient le pain des Français ». Témoin de cette scène, je suis intervenu avec fougue, prêt à défendre mes parents et révolté :

« Ce n'est pas gentil de dire ça, mes parents ont connu la famine ! »

À ma surprise, mon père m'interrompit :

« Tu ne peux pas dire ça. J'ai toujours eu un bout de pain à manger, même dur. »

À l'époque, je considérais qu'il m'avait lâché. J'en ai ressenti une grande frustration, comme si j'avais été giflé, trahi.

Désormais, je comprends enfin mon père, cet ouvrier dont j'avais honte à 14 ans. Je comprends à 50 ans passés combien il était fort, combien il était humble. Mes parents ne regardaient jamais ce qu'ils n'avaient pas, n'étaient pas envieux ; au contraire, ils se réjouissaient toujours du peu qu'ils pouvaient obtenir par leur travail. Mieux encore, ils étaient plus heureux de partager ce qu'ils avaient. Le bonheur, pour eux, c'était de se réjouir.

Notre maison, améliorée par mon père, était toujours un lieu accueillant où les gens venaient pour le simple plaisir d'être ensemble.

En grandissant, j'oscillais entre Jekyll et Hyde. En classe, j'étais un élève modèle, mais, dans la rue, je volais des mobylettes, me faisais respecter par la force. J'étais un mauvais garçon. Je fumais, je buvais, et je me battais. Les voyous du coin me respectaient. Je n'avais pas les mots pour me défendre. Non. Mais j'avais mes poings.

Après le collège, je suis parti à Paris pour étudier. Comme j'étais premier de la classe en troisième, mes professeurs m'avaient conseillé d'entrer dans un autre lycée. Mauvaise idée. Là-bas, je me suis retrouvé en dessous de la moyenne et j'ai fini par décrocher. Mes parents m'avaient prévenu : ils ne pourraient pas financer mes études après le bac. Dès lors, que faire sinon entrer dans la vie active ?

Au détour d'un café, j'ai rencontré ma « petite lady ». Véronique, celle qui allait devenir ma seule compagne, la mère de mes enfants. Elle est venue me chercher alors que j'étais encore en classe. Elle m'a trouvé dans les couloirs.

Nous n'avons pas parlé longtemps, mais nous nous sommes embrassés longuement.

Je suis revenu dans le 93, à Bobigny, lycée Louise Michel, pour une terminale G qui ne m'a pas réussi non plus, et je suis retombé dans mes mauvaises habitudes. Puis il y a eu l'armée. J'aurais dû effectuer un service long sur la Jeanne d'Arc, *un porte-hélicoptères de la Marine nationale. Ma belle-mère, qui travaillait au ministère de la Défense, en décida autrement, répondant aux prières de sa fille. Elle me fit intégrer le 13ᵉ RG, où je suis devenu chauffeur d'officiers généraux. Comme je me débrouillais bien, j'ai été affecté au service du général Salvan, un quatre-étoiles. Un homme singulier, équipé de quelques options : jambe de bois, œil de verre, et commandant de la quatrième région militaire. Je découvrais Paris, les voitures blindées, les escortes officielles. L'armée m'offrait des expériences et des rencontres que j'aurais été incapable d'imaginer. À cette époque, j'ai refusé d'être décoré de la médaille de la Défense nationale, ne me sentant pas légitime.*

Après y avoir passé un an, j'ai intégré l'imprimerie des parents de mon ami d'enfance, Stéphane, avec mon certificat de pilote d'élite de l'armée. Chauffeur livreur, je subvenais à nos besoins, tandis que Véronique obtenait son bac et entrait à la Sorbonne. Rapidement, je me suis passionné pour ce métier, me levant tôt et restant tard pour comprendre le fonctionnement des machines. À l'époque, je voulais devenir commercial.

Une annonce dans un journal pour une école de vente proposée par Renault avait retenu mon attention. Bien que je n'aie pas le bac, j'ai tout de même postulé, tout comme trois cents autres jeunes candidats. Étonnamment, j'ai réussi toutes les étapes, malgré un dernier test où je pensais avoir échoué. Avec l'aide de Véronique, j'ai écrit une lettre pour leur demander une nouvelle chance et, à ma grande surprise, ils m'ont finalement accepté.

« On vous veut », ont écrit les recruteurs dans leur mémorable courrier à mon adresse.

La Direction, refusant de me perdre, m'a proposé de devenir commercial dans son entreprise. Un défi que j'ai accepté et qui m'a conduit à refuser d'intégrer les effectifs de la marque au losange.

Progressivement, j'ai gravi les échelons jusqu'à devenir directeur commercial. L'entreprise devait déposer le bilan au décès du directeur général qui m'avait donné une chance. Nous étions en 2001 et la société a été liquidée.

En avril de cette année-là, j'ai monté ma propre société d'événementiel. Nous organisions des animations à caractère sportif : rafting, karting, quad, paramoteur, etc.

À cette période, mes anciens contacts ne cessaient de me solliciter pour des travaux d'impression. Avec mon ancienne patronne, Chrystel, et un ami client, François, nous avons alors décidé de nous associer pour répondre à la demande.

J'étais devenu imprimeur en chambre. Je fournissais le papier, poursuivais mon activité de commercial et sous-traitais l'impression à des entreprises. L'événementiel ne nous faisait pas vivre, et mon activité d'imprimeur prenait de l'ampleur. Je travaillais littéralement dans ma chambre. Avec l'augmentation de l'activité, la situation devenait ingérable : les cartons s'accumulaient partout dans notre maison.

Véronique et moi étions au four et au moulin. J'étais sur la route, elle gérait la logistique. Quatorze heures de travail quotidien. La frontière entre travail et maison avait été abolie. Une situation désormais familière à des millions de gens depuis le Covid-19 et la généralisation du télétravail.

Débordé, je louais des bureaux, des hangars. Je me levais à 5 heures, travaillais à l'atelier jusqu'à 10 heures. Une douche et me voilà en costume-cravate. Je devenais commercial jusqu'à 17 heures. Nouvelle douche, puis je retournais m'occuper de la logistique avec Véronique jusque tard dans la nuit.

Nous n'étions que quatre à l'époque. Notre client principal croyait que nous étions une équipe de quinze ou vingt personnes, tant nous étions efficaces.

Notre comptable nous conseilla alors d'investir dans un bâtiment. En 2003, j'ai acheté ma première machine à Didier. Les banques exigeaient des garanties. Mes associés n'ont pas suivi. J'ai racheté leurs parts. Avec Véronique, nous avons pris tous les risques, nous nous sommes accrochés.

De 2005 à 2015, notre vie a été rythmée par des événements intenses. Partout où nous allions, nos enfants suivaient, trouvant cela normal. À force de travail, nous avons bâti une vie insouciante, occupée et joyeuse. Nos proches venaient régulièrement participer à nos événements.

Mes activités d'imprimeur et d'organisateur de manifestations sportives se complétaient souvent, se superposaient parfois. Nous emmenions clients et amis sur les grands rassemblements automobiles français. Les circuits du Mans, du Val de Vienne ou de Magny-Cours nous sont devenus familiers. Nous y avons rencontré quelques célébrités : David Hallyday, Christophe Dechavanne, Jean-Éric Vergne, Fabien Barthez, Jacques Laffite. L'organisation était lourde, mais gratifiante. Nous avions une loge au-dessus des circuits, où nous recevions les clients. Chaque journée devait être magique : visite des stands, tours de circuit. Une vie à cent à l'heure, sans week-ends.

En parallèle, j'étais président de mon club de hockey, épanoui dans le sport. En pleine forme physique et mentale, j'avais même été sélectionné pour la Coupe d'Europe à Londres, dans l'équipe de France masters, une rencontre que j'attendais avec impatience.

Telle était ma vie, notre vie, le 8 janvier 2015.

CHAPITRE 11

2,50 €

Nous sommes le 16 février 2015. François Hollande, président de la République, repart après nous avoir promis son soutien et celui de toute la France. Je suis rassuré. Un peu. Prudent, surtout. J'ai appris à rester sur mes gardes, même si je suis convaincu que notre contrat social républicain implique que l'État doit soutenir les victimes du terrorisme.

En mars, Véronique et moi nous rendons à la première réunion de négociation pour l'indemnisation de notre bâtiment détruit par l'assaut du GIGN. La présence de notre sous-préfet préféré nous tranquillise. Elle semble donner une réalité à la promesse du Président. Face à nous, six assureurs, sympathiques, apaisants. Le haut fonctionnaire observe, en retrait.

Puis vient le choc. Encore traumatisé, je peine à m'exprimer, et les assureurs, tout sourire, nous proposent 15 % de la valeur de ce qu'il faut reconstruire. 200 000 euros pour les 1 800 000 que valent le bâtiment et les machines. Ils semblent penser que nous devrions être heureux de cette proposition. C'est un uppercut. Véronique ne parvient pas à retenir ses larmes. Je me lève :

« On arrête tout, c'est fini, je ne veux plus reconstruire. Prévenez le Président de ma décision. »

Je quitte la salle, direction les toilettes. Véronique me suit, tente de me calmer : « Attends, on va négocier. »

Je refuse.

Un assureur arrive derrière nous, ajoute aussitôt 50 % de la somme. Je suis outré. « Je ne suis pas un marchand de tapis. À partir de maintenant, je prends un avocat et un expert d'assuré. Vous discuterez avec eux.

— Très bien », acquiesce l'assureur.

Le sous-préfet, indigné, annonce : « Je vais prévenir le président de la République. » Les assureurs repartent, tête basse.

C'est un surtraumatisme de plus. Nous comprenons que nous serons traités comme n'importe quel assuré. Notre énergie, notre envie de reconstruire s'évaporent. Pourtant, nous continuons de gérer les affaires courantes de l'imprimerie comme si de rien n'était.

Mars 2015. Je dois remonter mon imprimerie, garder mes clients, assurer le retour de mes salariés. Il me faut installer des machines prêtées par des fournisseurs au Mesnil-Amelot, à vingt-cinq kilomètres de Dammartin, pour relancer d'urgence la production sur un site provisoire. Il faut financer cette reprise alors que les comptes sont à sec. Je dois aussi reconstituer une équipe de production que nous devrons maintenir pendant trois ans, comme l'impose la convention d'indemnisation signée avec l'État.

En parallèle, je gère une notoriété nouvelle, envahissante. Mon psy veille, heureusement. Il me sert de soupape de sécurité en étant particulièrement disponible. Mais je suis affaibli, vidé. On m'en demande toujours plus. Pourtant, je dois tenir.

Médiatique et prétendument emblématique, je suis en réalité un chef d'entreprise qui a tout perdu, lâché par beaucoup. Je me bats pour ma famille, mes employés, mais les regards des autres me perturbent. Ils me voient comme quelqu'un de célèbre, pas comme un homme en souffrance. Chaque jour, je fais face à ces contradictions : passer à la télé pour les journalistes, témoigner pour rétablir une certaine forme de vérité. Et rester patron, contre vents et marées. Les gens ne me considèrent plus avec sincérité. Il n'y a ni empathie ni malveillance, juste une fascination étrange.

Beaucoup prétendent vouloir m'épauler, me conseiller, mais cherchent surtout à se valoriser en se prenant en photo avec moi ou devant mon entreprise. Je rencontre des préfets, des responsables, des fonctionnaires. Tous tentent de me proposer un accompagnement. Mais je suis débordé, je ne sais pas par où commencer. Le plus urgent, c'est de reconstruire mon bâtiment. Véronique et moi décidons de louer un local, des machines. Les vendeurs me proposent de m'en prêter. Je dois négocier avec les assurances, tenter de toucher les indemnités de l'État, et puiser dans mes avoirs personnels.

Pendant ce temps, mon père est hospitalisé. Sous chimiothérapie, très affaibli, il se bat. Mon frère et ma sœur soutiennent ma mère. Et me soulagent de ce poids. Ma situation aussi ne tient qu'à un fil. Tout devient précaire : la vie, le bonheur, les amis. Ceux sur qui je pensais pouvoir compter disparaissent. Comme dans un tableau de vanités, tout semble fragile.

Mon thérapeute me propose des séances dans des lieux magnifiques. Ce sont de brefs moments de répit. Des musées, des espaces où la beauté émerge, évidente. Je m'y reconnecte à moi-même. Quelques bouffées d'air au milieu d'une réalité asphyxiante. Je trouve du réconfort dans l'art. Cela m'aide à supporter le déclin de mon père. Je vais le voir tous les soirs, lui tenir la main. Il n'entend pas, ne voit presque plus, mais j'ai besoin de lui parler. De mes déboires, de mes succès quotidiens. Les soignants me laissent rester jusqu'à minuit parfois.

Neuf mois plus tard, mon père s'éteint. Je suis à ses côtés chaque soir, jusqu'à ses derniers instants. Je lui raconte mes petites victoires, comme pour le rassurer. En 2014, il m'avait demandé de l'emmener à Melun, la ville où il s'est installé quand il est arrivé en France. Avec tout ce qui s'est produit, je n'ai pu exaucer son vœu. Il est parti sans revoir cette ville, et je m'en veux.

Le jour même de sa mort, l'État m'appelle. On me presse de signer une convention pour débloquer les indemnisations relatives à mon bâtiment détruit.

Ils insistent : si je ne signe pas, je perds un an. C'est le 29 octobre 2015, le jour ou jamais. Je suis face au corps de mon père, et on me demande de m'occuper d'un document administratif. C'est inhumain, mais je signe. Je n'ai pas le choix. Ce jour-là, je gagne le droit d'être indemnisé. Mais je perds une part de moi-même.

C'était un jeudi. Et je ne l'oublierai jamais.

Octobre 2015, je me consacre à la reconstruction. Une architecte travaille avec moi, mais chaque jour est un nouveau combat. Ma famille et mes amis m'aident à nettoyer, à trier les vestiges. Je dois toucher du doigt la réalité de ce que j'ai perdu, accepter encore de nettoyer les cendres de toute une vie de labeur.

Le nombre de personnes qui tentent de profiter de notre fragilité et de notre isolement est tout bonnement incroyable. Certains, sans vergogne, n'hésitent pas à exploiter notre besoin de relancer l'entreprise pour se comporter en montreurs d'ours. Nous participons à des tours de piste durant des réunions ou des événements publics. On nous y promet toujours du travail. Nous acceptons, bien sûr. Vaines promesses. À leurs yeux, nous ne sommes que des objets de mode, une attraction.

Je me souviens d'une soirée particulièrement dégradante, réunissant des acheteurs de grandes entreprises des arts graphiques. Les organisateurs nous ont fortement poussés à y aller. Véronique ne voulait pas en entendre parler. J'ai dû la convaincre. Ça a été pour nous le summum de l'humiliation. Après le dîner, le maître de cérémonie annonce notre présence. Nous sommes la « surprise de la soirée » pour les invités et, apparemment, nous devons aussi en tirer un « bénéfice ». Tout le monde se lève, nous applaudit. C'est très émouvant, presque irréel. Puis l'avilissement.

Sans nous en avoir averti au préalable, l'animateur de la réception informe l'assemblée qu'il y a une enveloppe posée sur chaque table. À vot' bon cœur, m'sieurs-dames, pour ce pauv' imprimeur…

Nous sommes sidérés. À la fin de la soirée, dix enveloppes nous sont remises. Gênés, nous refusons, mais finissons par céder devant l'insistance générale. Véronique et moi sommes profondément confus. Il nous faudra plusieurs jours avant d'oser les ouvrir. Nous savons que les invités n'étaient pas prévenus. Cela nous semble indélicat, presque grotesque.

Quand nous ouvrons enfin les enveloppes, nous y trouvons de l'argent, un chèque, des cartes de visite… et, dans une enveloppe rouge, deux euros et cinquante centimes. Était-ce là le prix de notre humiliation ? Nous en avons pleuré. Mais nous n'avons jamais encaissé le chèque.

CHAPITRE 12

La cérémonie

Décembre 2015. Premier Noël sans mon père. Avec Véronique, nous décidons d'aller au marché de Reims. Les rues sont animées, la foule, dense. Tout est perturbant. Les bruits des pétards résonnent comme des échos lointains, presque menaçants. Les gyrophares de la police clignotent dans l'obscurité. Ce moment festif m'est étranger.

***

Noël était la seule occasion pour moi de recevoir un jouet. J'avais 6 ans lorsque mon père m'a offert un petit avion téléguidé. Je me souviens de l'avoir vu entrer dans ma chambre au milieu de la nuit. Il a posé le paquet près de mon lit, pensant que je dormais. Le père Noël n'existait donc pas. J'ai continué de faire semblant d'y croire, pour eux. La famille était loin, et maintenir l'esprit de Noël représentait beaucoup pour mes parents.

Cet avion est peut-être à l'origine de ma passion pour l'aviation. Au fil du temps, elle m'a servi d'échappatoire, jusqu'à devenir pilote de paramoteur.

***

L'esprit de Noël s'est dissipé au moment de l'éventration de l'imprimerie. Depuis, le réveillon marque le début d'un compte à rebours mental : l'angoisse du 9 janvier 2015 remonte en moi. Seule la naissance de mes petits-enfants permettra à la magie de réapparaître.

Janvier 2016. Nous sommes invités à la cérémonie des vœux de la mairie de Dammartin. Une « belle » surprise nous attend ce soir-là. Sans nous avoir consultés, le maire dévoile fièrement un panneau rebaptisant la voie de notre entreprise « rue du 9-Janvier-2015 ». Véronique et moi restons pétrifiés. Nous refusons immédiatement, menaçant de quitter les lieux si la mairie persiste dans son projet. L'intention est sans doute louable. Mais ces gens réalisent-ils ce que signifie travailler chaque jour en ayant cette date fatidique sous les yeux ?

Ce type de maladresses, bien qu'involontaires, nous usent.

***

À l'époque, toutes les mairies du coin nous invitaient à leurs cérémonies des vœux. Depuis 2018, la plupart nous ont oubliés.

***

Chaque attentat terroriste, en France ou à l'étranger, me déstabilise. À chaque fois, des journalistes m'appellent, veulent des réactions, des émotions. Souffrances, angoisses, tristesse ; cela ne finira donc jamais…

Le 4 avril 2016, la première pierre de la reconstruction est posée. Une brise d'espoir se lève. Cette date résonne particulièrement en moi : exactement quinze ans plus tôt, en 2001, j'ai déposé les statuts de mon entreprise. Mais l'imprimerie n'est qu'un squelette. Il faut la vêtir, la protéger du monde et des éléments, y remettre de la vie.

Des journaux veulent acheter les photos de la destruction. Ils offrent de grosses sommes. Je refuse, comme à chaque fois que je suis confronté à ce genre de propositions.

Le mois d'août 2016 est épuisant. Nous sommes au bord de l'effondrement physique. Le travail est titanesque. Nous déménageons les machines, réinstallons tout. Reprendre la production relève du miracle.

La réouverture est prévue fin août, afin de démarrer en septembre. L'échéance est convenue avec l'architecte et les entrepreneurs. Reste à régler le problème de l'escalier, source de flash-back systématiques. Il est enfin démonté et remplacé, mais avec du retard. Il était temps, je ne le supportais plus.

L'inauguration est finalement reportée. Elle aura lieu le 29 septembre, jour de la... Saint-Michel.

Ma mère ne sera pas présente. Son cancer l'épuise. Et puis elle a effacé jusqu'au dernier souvenir de ce qui nous est arrivé. Un mécanisme de défense, probablement.

La préparation est enthousiasmante, épuisante aussi.

Enthousiasmante, parce que le président de la République, monsieur Hollande, a annoncé venir. Il appelle régulièrement pour prendre des nouvelles.

En août, il me contacte directement. Il promet de nouveau de venir à l'inauguration, même si son entourage reste plus flou, sûrement pour des raisons de sécurité.

Épuisante, car l'inauguration prend une tout autre ampleur. Sur trois cent cinquante invités, deux cent quatre-vingt-un sont imposés par le protocole présidentiel. Cette contrainte nous met dans une situation délicate. Nous devons écarter de nombreux proches, certains le prennent mal. Les appels se multiplient, les incompréhensions aussi. Je m'excuse sans cesse :

« Le Président vient, nous sommes limités. »

Toujours penser aux autres, ménager les susceptibilités. Alors que cette journée doit être celle de la réouverture officielle de l'imprimerie.

Lilian et moi devons aussi recevoir la Légion d'honneur pour l'occasion.

Dix-huit mois après la prise d'otage, le sommeil me fuit toujours. Les cauchemars persistent, l'épuisement aussi.

Un jour, au cours d'une interview longue de deux heures, Véronique s'effondre. Vertiges, respiration difficile. Quand on lui demande si ça va, elle commence par répondre par l'affirmative. Puis, elle craque :

« Non, ça ne va pas. Comment voulez-vous que ça aille ? »

La journaliste m'appelle, affolée. Je rentre en urgence. Je trouve Véronique allongée, épuisée, les pompiers à ses côtés. Ils décident de l'emmener à l'hôpital de Meaux. Elle vomit dans l'ambulance. Je les suis.

À l'hôpital, je suis reconnu à l'accueil. On me conduit jusqu'à mon épouse, exténuée. Sans elle, je ne peux envisager cette inauguration. Je la préviens :

« Si tu ne peux pas être là, il n'y aura pas de 29 septembre. »

Le médecin arrive et me dit, surprenant de franchise :

« Votre épouse sera présente le 29. Ne vous inquiétez pas. Continuez. Vous devez aller au bout pour reconstruire. On s'occupe de Véronique. On vous soutient. »

Pourtant, à Meaux, son état inquiète l'équipe médicale. Sa prise en charge est trop tardive. Son transfert précipité à l'hôpital de Marne-la-Vallée révèle la gravité de la situation. À l'arrivée, une coronarographie est immédiatement pratiquée. Le soir, je me rends dans cet immense établissement, désert. Les couloirs sont vides. Je traverse les bâtiments pour la retrouver. Ma fille et moi sommes autorisés à lui rendre visite, malgré le risque d'infection. Nous franchissons les portes du service de cardiologie. Je la découvre allongée, les yeux fixés sur les lumières du plafond. C'est une myocardite. Dix jours d'hospitalisation sont nécessaires.

Pourtant, Véronique décide de rentrer seulement deux jours plus tard. Nous sommes le 17 septembre. Elle doit se reposer à la maison, interdiction de se fatiguer.

Toutefois, le 27 septembre, elle est de nouveau à mes côtés…

Heureusement, la famille et les amis nous aident pour les préparatifs. La nuit du 28 septembre, je décore encore le bâtiment jusqu'à 1 heure du matin. Les gendarmes dorment sur place. Le 29, à 6 heures, je reviens. Tout est bouclé par la sécurité. Des hélicoptères tournent au-dessus de nos têtes, les grandes voies sont fermées. Gendarmes dans les buissons, à chaque carrefour. Chiens de patrouille, tireurs d'élite sur les toits. Les hommes de la sécurité sont presque aussi nombreux que les invités. Entre trente et quarante cars de gardes mobiles. Au moins cent cinquante agents des forces de l'ordre. Partout. Un gendarme que je connais m'arrête à l'entrée de la rue. Il me demande, goguenard, mes papiers. Je le taquine :

« Je repars, alors. »

Nous rions tous les deux.

À 6 h 30, je suis prêt. Épuisé, j'ai désormais l'habitude, mais prêt. Je dois être disponible pour mes invités. Véronique et les enfants me donnent de la force. L'ambiance est belle. Les gens sont sincèrement heureux d'être là. Seule ombre au tableau, ma mère est malade, mon père n'est plus. Mais je les sens tout de même à mes côtés.

Je m'habille sur place, filmé par les caméras de France 2 et de M6 que j'ai autorisées à me suivre pendant trois jours. Je suis tendu, un peu dérangé par ce manque d'intimité dans un moment si important. Avec Véronique, nous recevons le président de la République. Et quelque part, toute la France. Ma femme, exténuée, avance comme un automate, dans un brouillard, mais attentive à chaque détail.

Tout s'enchaîne vite, exactement comme lorsque nous organisions des événements autrefois. Nous sommes dans une bulle. La presse, la foule, tout est flou. Nous oublions même un moment les frais de réception, à la charge de l'entreprise. Les journalistes sont partout, les invités arrivent par vagues.

Ma famille, coincée parmi les journalistes, n'est pas à la place qui lui revient. J'interviens. Lilian arrive à 10 heures, à pied. Il a dû se garer loin, sur le parking d'une entreprise voisine. Quatre membres de sa famille l'accompagnent : ses parents, sa sœur, sa compagne. C'est aussi son jour, il reçoit la Légion d'honneur. Il a accepté cette cérémonie officielle parce que je le lui ai demandé. L'envoi de la médaille par la poste lui aurait suffi.

Je ne conçois pas cette journée sans Lilian. Mon envie de vivre est liée à la nécessité de le protéger. Aujourd'hui, plus que jamais, je dois l'avoir à mes côtés pour que nous recevions la reconnaissance de l'État ensemble.

Tout le monde me sollicite, je n'ai pas le temps de savourer. Pourtant, je reste détendu. Un homme de la sécurité s'approche :

« Il arrive. »

Véronique et moi avançons vers l'entrée. Il est 11 heures. Avec le préfet et les autorités, nous nous dirigeons vers le portail pour accueillir le Président. Les appareils crépitent. On nous interpelle. Tout semble parfaitement orchestré. À Dammartin-en-Goële, ce genre de chose impressionne.

Devant le portail, on nous demande d'attendre. Un cortège de voitures encadré par des motards se présente. Personne ne sait dans laquelle se trouve le Président. Il y a six véhicules. François Hollande s'extirpe du troisième, le plus petit. Il s'avance, sourire aux lèvres. Nous nous embrassons.

Direction le bâtiment pour dévoiler la plaque commémorative. L'Élysée a validé le texte, et nous l'avons réalisée nous-mêmes. Le Président la dévoile sous une pluie d'applaudissements et de flashs.

Sur la plaque, il est inscrit : « Monsieur François Hollande, président de la République, a inauguré le 29 septembre 2016 la nouvelle imprimerie du groupe Michel Catalano, détruite lors de l'assaut des forces de l'ordre le 9 janvier 2015. »

La délégation au complet entre dans nos locaux. Dans le hall, où on dénombrait auparavant plus de huit cents traces d'impact des balles tirées pendant l'assaut et où l'escalier s'élève, nous avons installé des panneaux montrant le bâtiment détruit. Nous proposons une visite. Pendant ce temps, l'impression de la photo du dévoilement de la plaque est en cours. Elle a été prise quelques minutes auparavant. Nous montons l'escalier. Le Président est curieux, il s'intéresse à tout, heureux de voir notre activité reprendre. Il salue chaleureusement l'ensemble du personnel.

François Hollande me demande ensuite un entretien privé dans mon bureau. Son aide de camp entre, lui murmure quelques mots. Le Président me demande s'il peut s'asseoir à ma place. Une affaire urgente à régler. Il signe un document. J'assiste, impressionné, à la prise d'une décision pour la France. Nous discutons un quart d'heure avant de reprendre la visite.

Dans l'atelier, nous découvrons la photo déjà imprimée. Le Président est agréablement surpris. Nous continuons. Il pose des questions sur chaque machine. Véronique mentionne la salle de repos et le flipper. Le Président s'exclame qu'il adore les flippers. Contre l'avis de sa sécurité, nous allons le voir, seuls. Un moment convivial que je savoure.

Nous sortons et retournons vers la cérémonie officielle. Je lui montre l'arbre de la laïcité planté avec la direction départementale de l'Éducation nationale, le terrain de pétanque, et le noyer que j'ai planté après la mort de mon père. Nous atteignons la plateforme sous les flashs des photographes. Certains invités commentent, d'autres veulent s'approcher du Président. Lilian est là, avec sa famille, d'un côté du podium. De l'autre, la mienne est déjà présente.

Derrière le pupitre, une photographie de Véronique, le Président et moi lors de la visite est affichée. Je pensais que le Président ouvrirait la cérémonie, mais c'est moi qui dois parler en premier. Bouleversé, je pense à mes parents. Didier et Stéphane, respectivement mon fournisseur et mon chef d'atelier, sont là. J'ai eu tellement peur pour eux ce jour-là.

Je lis mon discours, plein d'émotions. Puis vient le tour du Président. Lilian et moi, côte à côte, attendons de recevoir la Légion d'honneur. Mon jeune ami est décoré en premier. Je retiens mes larmes, de le voir là. Vivant. Le reflet de la médaille fixée à son costume ressemble à un signal. Peut-être celui que le cauchemar est enfin terminé.

Le chef de l'État s'avance vers moi.

« Monsieur Michel Catalano, au nom de la République française, je vous fais chevalier de la Légion d'honneur. »

Il me prend dans ses bras. Je ravale mes larmes. Lilian et moi nous étreignons sous les applaudissements des invités.

Nous descendons de la plateforme. Touché, je salue ma famille. Le Président fait de même. Puis c'est le bain de foule. Certains se précipitent vers le Président, oubliant la raison de la journée. Mais de nombreux amis, journalistes et officiels viennent me féliciter. Le Président, qui devait passer une heure avec nous, reste finalement deux heures. Il prend le temps de parler avec chacun. Avant de partir, il nous salue chaleureusement, Véronique et moi.

« À bientôt », dit-il.

Il monte dans sa voiture, nous fait un dernier signe de la main.

La journée touche à sa fin. L'entreprise redémarre. Tout doit redevenir comme avant.

CHAPITRE 13

Le retour du réel

Le reste de la journée du 29 septembre, nous sommes sur notre site. Le bâtiment est neuf, les machines, prêtes à produire. Pour les habitants de Dammartin, les politiques, les journalistes, tout semble normal. Fin de l'histoire, pensent-ils. Mais pour nous, c'est le début d'une nouvelle bataille. L'entreprise est loin d'être viable. Lilian, malgré son envie de rester, n'a pas pu revenir sur les lieux ; il quitte la société. Les crédits s'accumulent, et nous avons été obligés d'embaucher des nouveaux salariés en accord avec la convention signée avec l'État : les déficits pèsent lourd.

L'année 2016 est déficitaire de deux cent mille euros. Pour rééquilibrer, il faut rentrer un million cent. Le plus dur commence. Il faut faire du chiffre, que la boîte tourne. Les entreprises qui étaient à nos côtés pour accueillir le Président et les officiels ont disparu.

Je reprends mon bâton de pèlerin, comme à mes débuts. Je croyais que certains réseaux d'entrepreneurs m'aideraient. Un espoir vite évaporé.

Le président Hollande est attentionné, proche. Quand il annonce qu'il ne se représentera pas fin 2016, c'est un coup dur. Tous les institutionnels qui s'étaient engagés auprès de nous disparaissent. Nous voilà seuls, encore.

L'année 2017 est tout aussi morne. Nous sommes près de jeter l'éponge. Mais un contact, hors du monde politique, se démène pour faire avancer les choses. Un jour, je reçois un appel. La préfecture me propose un rendez-vous. Lors de cet entretien, la préfète se rend compte que nous n'avons pas touché toutes les indemnités promises. Le dossier a été laissé à l'abandon. Finalement, nous obtenons une audience avec un conseiller du cabinet du nouveau Président, Emmanuel Macron. La situation est régularisée : les reliquats nous sont versés. Cela nous donne un peu de répit.

En 2018, notre chiffre d'affaires augmente de plus de 40 %. Nous sommes toujours déficitaires, mais un futur semble se dessiner : l'équilibre pourrait revenir l'année suivante.

Pendant ce temps, je m'investis dans l'Association française des victimes du terrorisme. Mon psy me pousse à témoigner dans les prisons.

« Faites-en quelque chose », me dit-il.

J'hésite, ma femme aussi. Ma première intervention a lieu à la prison des femmes de Fleury-Mérogis. L'endroit m'impressionne. L'une des premières questions qui m'est posée me laisse sans voix :

« Comment vont votre femme et vos enfants après tout ce que vous avez traversé ? »

Dans les prisons, je rencontre des hommes qui, comme moi, ont connu des moments de bascule. Je raconte des souvenirs d'adolescence. J'évoque les motos volées, des KX125 et des YZ, sur lesquelles j'ai appris à piloter. Je parle de ce jour où l'on m'a proposé un casse. J'ai dit non. Ce choix a été décisif. Je le partage avec eux. Les détenus se reconnaissent dans ces histoires. Un jour, l'un d'eux lance :

« Il est des nôtres. »

Une solidarité étrange se crée.

Je retrouve aussi mon rôle de coach pour l'équipe féminine de mon club de hockey. Les joueuses me redonnent de l'énergie. De vraies battantes. Elles montent en Nationale 1 avec pour cri de guerre : « Pour Michel ! » Leur enthousiasme est communicatif.

En 2015, ma femme et moi avions prévu de traverser le Sahara en Jeep, un rêve inspiré par Saint-Exupéry. Nous ne le ferons jamais. En 2019, nos enfants s'engagent dans le 4L Trophy, réalisant ainsi l'un de mes rêves. Nous allons les attendre à l'arrivée au Maroc, bien que ce voyage nous semble insurmontable. Nous sommes trop pris par nos activités à Dammartin. Mais pour eux, bien sûr, nous surmontons l'écueil.

Puis arrive la déferlante du Covid-19. En 2020, tout bascule à nouveau. Janvier et février avaient été les meilleurs mois depuis 2014. Le 11 mars, je reçois la Médaille nationale de reconnaissance aux victimes du terrorisme. Ma famille est à mes côtés. Le 16 mars, le Président annonce le confinement. L'entreprise ferme. Le redémarrage tant attendu est interrompu.

Durant quinze jours, tout est à l'arrêt. Je suis le seul à venir pour maintenir le lien avec les clients. Les routes sont désertes. Un calme de fin du monde. Le 29 mars, mes petits-enfants, des jumeaux, naissent. Mon fils ne peut pas assister à l'accouchement. Nous sommes tous collés au téléphone, inquiets.

Sur la fin de ses jours, ma mère ne veut plus être seule. À l'Ehpad, elle se sentait isolée. Elle a voulu fuir, puis est finalement restée chez mon frère.

Elle contracte le coronavirus à l'hôpital, où elle est admise pour son insuffisance cardiaque. J'avais promis de l'emmener au Mont-Saint-Michel. Comme j'avais promis à mon père de lui faire revoir la gare de Melun. Je ne tiendrai pas ma promesse. Les regrets persistent.

Elle nous quitte quelques jours plus tard, le 24 avril 2020.

Nous ne sommes que quatorze aux funérailles. C'est un déchirement. Elle avait tant aidé, tant d'amis. Ils sont là, dans leurs voitures alignées sur le bord de la route. Comme une haie d'honneur discrète.

Pour Véronique, la douleur est brute. Elle en ravive une plus ancienne. Celle qui avait accompagné le décès de son père, enterré anonymement et à la va-vite alors qu'elle n'avait que 19 ans.

Avec le décès de ma mère, une réalité me frappe : le 9 janvier 2015 a inversé notre rapport au temps. Avant, nous poursuivions un rêve. Depuis, nous cherchons à sortir du cauchemar.

CHAPITRE 14

Le procès

Le procès des attentats de janvier 2015 commence le 2 septembre 2020. Il se tient au nouveau palais de justice, dans le XVIIe arrondissement de Paris. Je m'y rends avec Lilian. Les souvenirs refont surface, brutaux, inattendus. Il n'y a pas eu de réelle préparation, seulement des tensions accumulées.

Au tribunal, nous subissons une fouille sous l'œil des caméras, des journalistes guettant nos moindres gestes. On nous parque à l'entrée de la salle, au dernier rang, avec les familles des accusés. Les avocats défilent devant nous. Nous sommes souvent refoulés de la salle d'audience. Les policiers nous observent, scrutent chacun de nos mouvements. Rien ne leur échappe. Les avocats et les journalistes gardent leurs portables, mais pas nous. Même pour aller aux toilettes, la fouille est systématique.

On encaisse. Les plaidoiries, les regards des accusés fixant la salle. On refuse de baisser les yeux. Les pauses sont lourdes, l'atmosphère, oppressante. Les sourires des quatorze accusés, responsables des attentats contre *Charlie Hebdo* et l'Hyper Cacher, pèsent. Leurs familles aussi. Le malaise est palpable. À la fin de la journée, je suis vidé.

Assister à ce procès est douloureux. Mais ne pas y être aurait été pire. Les victimes doivent être là. Leur présence rappelle que les terroristes ont touché des gens, des innocents. Ce n'est pas une guerre, contrairement à ce qu'ils prétendent. Il faut que cela soit su. Quand les victimes témoignent, elles gênent la défense.

Ce procès est peut-être la dernière étape. L'occasion de déposer nos valises de malheur et d'essayer de reprendre le cours de notre vie. Du moins, tenter de profiter du calme. D'un rayon de soleil, d'un repas en famille, d'une sieste dans le jardin. La paix.

Le 16 septembre, je témoigne. La veille, nous dormons à l'hôtel. Le matin, il faut se lever, marcher vers cette barre, passer entre les box des accusés. Je raconte ce que j'ai vécu. Étrangement, après l'avoir tant répété, raconter cette journée devient presque indolore. Ce qui me ronge, c'est de parler de l'après. De tout ce que nous avons subi après la mort des deux terroristes. Je finis accroché à la barre, tétanisé, comme un robot. Pourtant, on me dit plus tard que mes paroles ont du sens. Mon témoignage dure une heure et demie. On me fait répéter, c'est pénible, mais je ne regrette rien. Véronique et Marie-Anne me soutiennent, main dans la main.

Nous n'étions pas là pour la projection des images du massacre de *Charlie Hebdo*. Heureusement, notre avocat nous avait prévenus : c'était insoutenable.

Ils ont détruit tant de vies. Chaque procès nous replonge dans notre drame.

Véronique sombre juste après. Un mois de dépression. Elle ne peut plus travailler, pleure sans cesse.

Chaque procès en appel réactive la douleur : l'angoisse avant l'audience, la violence des débats, la présence accablante des accusés, et enfin le vide quand les portes se ferment.

Pourtant, nous ne cédons rien. Témoigner, encore et encore, pour ne pas laisser la victoire aux assassins.

Le 11 mars 2021, le président Emmanuel Macron vient rendre visite à une victime du terrorisme à l'occasion de la journée nationale. Il trouve un couple soudé, luttant pour faire survivre son entreprise. C'est le deuxième Président que j'accueille chez moi, à Dammartin-en-Goële.

Après son passage, tout reprend comme avant.

L'imprimerie est toujours en activité aujourd'hui, malgré le fait que nous n'avons toujours pas atteint notre équilibre. Après dix ans de lutte, nous ne lâchons rien !

Depuis dix ans, je suis devenu quelqu'un d'autre. Hypersensible, j'apprends encore à aimer cette nouvelle version de moi-même. Quand je suis dans un lieu public, je choisis toujours un endroit avec une vue dégagée. Avant, je n'y faisais pas attention. Maintenant, je ne peux pas m'empêcher de tout anticiper.

Je n'ai plus ni rêves ni cauchemars. Mais j'espère retrouver le fil de ma vie. J'aspire maintenant à un bonheur simple en famille, avec ma femme, mes enfants et mes petits-enfants.

TÉMOIGNAGES

Véronique Catalano

épouse de Michel Catalano

Des gens ordinaires pris dans des événements extraordinaires. C'est ce que nous avons été ce 9 janvier 2015.

À 17 ans, nos chemins se sont croisés et notre amour adolescent est devenu un couple solide. Ensemble, nous avons construit notre vie, constituée de joies et de douleurs. Ces épreuves nous ont renforcés, forgé nos caractères.

À deux, on est plus fort. Nous avons partagé chaque moment, bon ou mauvais. La vie est un cadeau, mais elle impose des défis qui nous apprennent à savourer les bons moments.

La citation « Ce qui ne me tue pas me rend plus fort » prend tout son sens pour nous. Nous avons mis du temps à surmonter cette journée de drame, à croire que les choses pourraient finalement s'arranger tant nous étions abattus par cet événement et les luttes qui en ont découlé.

Nos faiblesses sont toujours là, tapies dans l'ombre, prêtes à ressurgir. Mais nous avançons, tel le phénix renaissant de ses cendres, changés, mais, au fond, toujours les mêmes.

Marie-Anne Catalano

fille de Michel Catalano

Je suis en première année de BTS agricole, dans les Yvelines, loin de chez moi. J'ai 19 ans et je tente de reconstruire ma confiance après un traumatisme survenu trois ans plus tôt.

Les jours précédant le 9 janvier, une amie me montre la vidéo de l'assassinat du policier Ahmed Merabet devant les locaux de *Charlie Hebdo*. Ce visionnage me bouleverse et provoque des cauchemars d'une violence extrême pendant deux nuits consécutives.

Le 9 janvier, l'atmosphère est tendue dans la classe. Beaucoup veulent rentrer chez eux après cette semaine choquante. Pendant un cours d'économie, certains camarades suivent en direct la traque des frères Kouachi et annoncent que ceux-ci sont localisés en Seine-et-Marne. Je suis originaire de ce département. Un regard avec une autre élève suffit à exprimer notre inquiétude. Nous demandons au professeur si nous pouvons joindre nos familles, mais il refuse.

Les informations s'accumulent. Les terroristes sont retranchés dans une entreprise. Puis le nom de la ville tombe : Dammartin-en-Goële. Mon cœur se serre. Je demande une nouvelle fois à appeler ma famille. Cette fois, le professeur accepte.

Je sors de la classe, compose le numéro de ma mère. Elle décroche.

« Maman ? »

Sa réponse, brève, résonne :

« C'est chez nous. »

Mon cœur s'emballe, je m'effondre en larmes. Le souvenir exact de cette conversation m'échappe, mais l'angoisse est toujours là, oppressante.

Mon professeur, voyant mon état, m'accompagne en salle des professeurs. Les autres enseignants me questionnent, puis retournent en classe. Tout semble se dérouler au ralenti autour de moi. Mon téléphone vibre, un numéro inconnu. Je réponds, pensant qu'il s'agit d'un proche, mais je réalise rapidement que c'est un journaliste. Il se présente comme travaillant pour la BBC, que je confonds sur le moment avec une autorité publique. Je raccroche, comprenant mon erreur.

Les appels des journalistes se succèdent alors sans fin. Je ne réponds plus qu'à ceux de ma mère. Lors de l'un de ses appels, elle m'informe que mon père est sorti sain et sauf de l'imprimerie, mais que Lilian, un de ses employés, est toujours à l'intérieur. Le soulagement laisse place à une nouvelle angoisse.

Isolée dans une chambre de l'internat avec mes professeurs, on m'interroge sur mes besoins. Je ne veux qu'une chose : rentrer chez moi. Trois psychologues arrivent pour m'aider, mais leurs questions maladroites ne font qu'accentuer mon malaise. Finalement, une de mes professeurs les renvoie, voyant que leur présence aggrave la situation.

Vers midi, je suis informée que des gendarmes viendront me chercher pour me ramener à Dammartin-en-Goële. J'en éprouve un immense soulagement. En attendant leur arrivée, je peine à manger, l'appétit coupé par le stress.

Un gendarme m'explique que je devrai porter un gilet pare-balles. J'effectue le trajet dans une voiture qui roule à toute vitesse, gyrophare allumé. À mon arrivée, je retrouve ma mère et mon frère. Les larmes coulent, mêlant soulagement et désespoir.

Une psychologue de la cellule de crise arrive peu après. Elle nous conseille de ne pas allumer la télévision, mais nous le faisons quand même, incapables de détourner les yeux de l'horreur en cours. La famille arrive, nous entourant de leur soutien. Les journalistes, eux, envahissent notre maison, franchissant parfois la porte d'entrée. La gendarmerie finit par les repousser, rétablissant un semblant de calme.

17 heures. L'assaut contre l'imprimerie débute. C'est notre entreprise, un lieu qui fait partie de notre famille. La voir détruite à l'écran est un coup au cœur. Pourtant, nos pensées voguent principalement vers Lilian, toujours à l'intérieur. Finalement, la nouvelle tombe : il est sain et sauf.

À 2 heures du matin, mon père rentre, enfin, à la maison. Exténué, il nous enlace tous un à un. La journée, interminable, touche à sa fin, mais le traumatisme persiste.

Les semaines et mois suivants sont marqués par la douleur et l'épuisement moral. Mon père, autrefois le pilier de la famille, est anéanti. Il ne cesse de pleurer, incapable de retirer la veste qu'il portait ce jour-là, persuadé qu'elle l'a protégé.

Je mets de côté mes propres émotions pour le soutenir.

Quelques jours après l'attentat, nous décidons de retourner sur les lieux de l'entreprise. Dès notre arrivée, les dégâts nous frappent : vitres brisées, impacts de balle, trous béants, bandeaux de police, traces de sang. C'est une véritable scène de guerre. Nous sommes dévastés. Pourtant, des passants prennent des photos, certains viennent avec des enfants. Comment peut-on amener des gamins ici, face à de telles images ? Le monde semble anesthésié par la violence qu'il voit à l'écran. Mais ceci n'est pas un film, c'est notre réalité.

Une personne nous aborde, curieuse. En apprenant que c'est notre entreprise, elle nous souhaite bon courage, mais nous préférons partir. Les jours sont difficiles, les semaines s'éternisent. Les mois passent, puis les années.

Mon père, malgré son propre traumatisme, me conseille de prendre une semaine de repos. Mais je refuse, je veux que la vie continue. Le lundi, étant en alternance, je retourne au travail. Un collègue, sans savoir, me parle de l'attentat.

« C'est près de chez toi, non ? Ta famille va bien ? »

Je réponds machinalement :

« Oui, tout va bien. »

Mon père m'a recommandé d'en parler à mon patron. Quand je lui explique, celui-ci me répond :

« Ah, c'est votre famille ? Et ? »

Je comprends que certains ne seront d'aucun soutien.

Cette indifférence me blesse, mais je décide de ne plus m'y attarder.

La semaine suivante, je prends finalement une semaine de congés. Dès lors, il me devient impossible de revenir comme si de rien n'était. J'ai peur du regard des autres, de leurs questions. Sortir en public devient une épreuve. J'ai l'impression que tout le monde nous observe. Je n'arrive plus à soutenir les regards. En classe, c'est encore pire. Je m'endors en cours, incapable de rester concentrée. Certains professeurs me laissent tranquille. Quand je suis éveillée, mes pensées me ramènent sans cesse à ce qui s'est passé. Et si mon père ne s'en était pas sorti ?

Un jour, un ami me pose une question maladroite :

« Ça doit être génial que les journalistes s'intéressent à toi, non ?

— Oui, c'est fou, je réponds, forcée.

— Moi, je kifferais. »

Cette réflexion me blesse.

Il ne comprend pas que cette médiatisation, aussi bienveillante soit-elle, est une violence supplémentaire. Elle amplifie le traumatisme.

Le flux de journalistes devient incessant. Leur présence, bien qu'importante, est difficile à supporter. Nous ne sortons plus seuls, de peur d'être reconnus. Le visage de mon père est familier à beaucoup et, même si leurs regards sont souvent bienveillants, c'est pesant.

L'année qui suit est une lutte. La reconstruction de l'entreprise permet aussi une forme de guérison, mais de nouveaux traumatismes surgissent. Certains ne nous reconnaissent pas comme victimes, ce qui complique encore plus notre parcours.

En parallèle, je dois passer mon examen de BTS. En découvrant le sujet, je suis horrifiée : il traite du terrorisme. Impossible de me concentrer. Je tremble, perdue dans mes souvenirs. Grâce au soutien de mes amies, je dépose une réclamation, qui sera acceptée. Je repasse mes examens quelques jours avant l'inauguration du nouveau bâtiment. Ce moment est crucial dans notre reconstruction.

Depuis, chaque nouvel attentat ravive notre douleur. J'ai vu une psychologue, ce qui m'a aidée à avancer. J'ai aussi rejoint l'Association française des victimes du terrorisme pour soutenir d'autres victimes. Intervenir dans des écoles, témoigner est une façon de perpétuer un devoir de mémoire.

Nous avons rencontré deux présidents de la République. C'est une reconnaissance nationale importante pour nous, les victimes. Mais la douleur d'avoir été touchée par le terrorisme est immense, et ne disparaît jamais complètement.

Raconter ces événements, même une décennie plus tard, reste difficile. Chaque mot fait remonter des souvenirs, des émotions enfouies. Mais il est important de partager cette histoire, pour que personne n'oublie.

Valentin Catalano

fils de Michel Catalano

En janvier 2015, j'étudiais en BTS industrie graphique aux Gobelins, l'école de l'image. C'était ma dernière année. J'étais un jeune homme plein de rêves et de projets, tant personnels que professionnels. J'étais en alternance dans l'imprimerie de mon père, où ma polyvalence me permettait de découvrir tous les aspects d'une entreprise.

Je faisais beaucoup de sport en semaine et le week-end : entraînement, musculation, matchs. Je pratiquais le hockey sur gazon depuis mon enfance, un sport que mon père avait lui-même commencé à la création du club, le BMSH, dont il fut le premier licencié.

J'aimais aussi sortir avec mes amis, que ce soit dans des bars ou des soirées privées, il y avait toujours une bonne occasion de se retrouver.

Le 7 janvier est un jour spécial, car c'est l'anniversaire de mon père. Cette semaine-là, j'étais en cours quand j'ai appris, via les réseaux sociaux, ce qui s'était passé à *Charlie Hebdo.* Nous avons également vu la vidéo du policier abattu, ce qui nous a tous profondément choqués.

Le soir, en route pour l'entraînement de hockey sur gazon, j'ai montré la vidéo à mon père. Il était tout aussi surpris par la violence de l'acte.

Le lendemain, je suis retourné à l'école et, dans la matinée, je n'ai pas trop suivi l'actualité. Mais plus tard dans la journée, nous avons appris que les suspects étaient toujours en fuite, et que la police les cherchait du côté de Crépy-en-Valois.

Je me souviens d'avoir dit :

« S'ils veulent retourner sur Paris, ils devront prendre la N2 et passeront donc près de chez moi. »

Ce jour-là, le 9, j'étais en cours et je discutais par SMS avec ma mère, qui devait faire des courses à midi. Je lui avais demandé de me prendre quelques produits, car je partais en vacances le soir. Mais elle ne me répondait pas beaucoup. Puis un camarade de classe a annoncé :

« Ils sont à Dammartin, il y a eu des coups de feu, deux morts. »

Au même moment, j'ai envoyé un message à ma mère pour lui dire que les médias rapportaient que les suspects étaient à Dammartin. Juste après, elle m'a appelé. Je suis sorti de classe pour répondre, et elle m'a dit :

« Ils sont chez nous, papa est avec eux. »

À ce moment-là, j'ai cru que le monde s'effondrait. Elle m'a rassuré en me disant de rester à l'école, car j'étais en sécurité. Elle m'a promis de me tenir au courant.

Ensuite, j'ai appelé mon meilleur ami, qui a tenté de me rassurer. Son père m'a aussi appelé et m'a conseillé de rejoindre ma mère pour être ensemble.

Je suis retourné en classe pour expliquer que je devais partir. Un camarade m'a proposé de m'y conduire, estimant que ce serait plus sûr. J'ai accepté.

En chemin, plus nous avancions, plus nous croisions de véhicules de police et de gendarmerie. Une fois arrivés près de chez moi, la route était barrée, alors j'ai guidé mon ami pour contourner les barrages.

En arrivant à la maison, j'ai pris ma mère dans mes bras. Le téléphone de mon père, qu'il avait oublié le matin, n'arrêtait pas de sonner. J'ai décidé de l'éteindre pour apaiser la tension.

Ma mère m'a dit que mon père était sorti, mais que Lilian, un collègue, était toujours caché dans l'entreprise. Elle m'a fait promettre de ne le dire à personne, car les terroristes étaient dans notre bâtiment. Nous avons alors allumé la télévision pour suivre les informations.

Tout au long de la journée, plusieurs membres de la famille nous ont rejoints. Oncles, tantes, tous voulaient être présents à nos côtés.

Les journalistes n'ont pas cessé d'essayer de nous contacter, ainsi que tout notre entourage. J'ai très mal vécu ce harcèlement médiatique, comme s'ils cherchaient à créer un buzz alors que des vies étaient en danger.

À 17 heures, l'assaut a été lancé. Nous suivions les événements à la télévision, dans un silence absolu, comme si nous retenions notre souffle. Cela m'a paru interminable. À chaque explosion ou coup de feu, ma mère sursautait. Je l'ai prise dans mes bras.

C'était un moment très difficile mais, quelques minutes plus tard, nous avons appris que Lilian était sorti sain et sauf.

Quelques heures plus tard, mon père est enfin rentré à la maison. Je l'ai pris dans mes bras comme si cela faisait des années que je ne l'avais pas vu, le serrant fort, croyant l'avoir perdu à jamais. L'atmosphère était particulière ce soir-là, mais nous étions entourés par notre famille, qui prenait soin de nous.

La nuit fut courte et peu reposante.

Je devais partir en vacances avec mes cousins et un ami, mais nous avons d'abord annulé. Finalement, en discutant avec mes parents, j'ai décidé de partir quand même le lendemain. J'avais besoin de m'éloigner de la pression médiatique et de l'énorme choc émotionnel.

À mon retour de vacances, après une semaine loin d'ici, je me sentais décalé, complètement déconnecté de ce qui s'était passé chez moi. Mes cousins et amis ont fait de leur mieux pour éviter le sujet, tout comme moi. Je savais que, en rentrant, commencerait le grand combat de la reconstruction familiale, professionnelle et personnelle.

Ma reconstruction personnelle était surtout liée à celle de mes parents. J'essayais de les aider au maximum, aussi bien sur le plan professionnel que personnel. Leur rétablissement contribuait à ma propre guérison. Mon père a toujours été un modèle pour moi. Parti de rien, il a su bâtir quelque chose de solide. Dans le sport, il a été le premier licencié de son club de hockey sur gazon, qui compte aujourd'hui des équipes masculines et féminines en compétition nationale.

Professionnellement, mes parents ont commencé dans une pièce de la maison, et ils ont aujourd'hui un bâtiment et plusieurs employés. C'est pour cela qu'ils sont des exemples à mes yeux, de véritables combattants.

Aujourd'hui, je suis un homme changé. Je suis heureux en couple, père de trois magnifiques garçons, dont des jumeaux. Je suis comblé de voir mon père profiter de leur présence. Je continue de jouer au hockey sur gazon avec lui, car il est toujours actif sur le terrain.

Thérèse

sœur de Michel Catalano

C'était un vendredi matin comme les autres. En route pour la gare de Saint-Mard, je jetais un coup d'œil, comme d'habitude, en direction de ton bâtiment, bien qu'il soit invisible depuis la route.

Peu après mon arrivée au bureau, vers 9 heures, un collègue annonce une prise d'otage à Dammartin-en-Goële, dans une imprimerie. J'ai d'abord cherché à localiser cette imprimerie, persuadée que ce ne pouvait pas être la tienne. J'ai immédiatement écarté cette hypothèse.

Tout s'est ensuite accéléré. Nous avons allumé BFM TV, où l'information tournait en boucle. La réalité m'a frappée de plein fouet. Nous savions tous de qui il s'agissait, encore marqués par le drame chez *Charlie Hebdo* deux jours plus tôt.

Je me sentais complètement paralysée, mais mon esprit était en ébullition. Qui était présent ? Toi ? Véro ? Valentin ? Stéphane ? Lilian ? J'ai essayé de t'appeler, puis Véro, ta chère épouse, mais sans succès. Je me demandais si c'était risqué de vous appeler.

Puis le numéro de Véro est apparu. « Michel est sorti, mais Lilian est toujours à l'intérieur, caché. »

Ces mots restent gravés dans ma mémoire.

Je voulais rentrer chez moi immédiatement, mais il me fallait reprendre les transports pour une heure et demie de trajet. Je n'arrivais pas à me concentrer, et je luttais pour ne pas céder à l'angoisse.

Avec Alain, mon mari, nous avons rejoint la gare du Nord pour rentrer ensemble. Le trajet a été interminable. À Dammartin, la route que nous avions empruntée le matin était fermée. Nous avons dû faire un détour pour atteindre la petite ville d'Othis.

En arrivant, Dammartin était envahi par des voitures de médias, des journalistes, des photographes avec des objectifs énormes, des gendarmes, des militaires, et un hélicoptère. C'était irréel de voir une telle activité déployée dans notre région.

Véro nous avait également informés de la présence massive de journalistes devant chez vous, nous avons donc décidé de rentrer directement.

Je m'inquiétais pour nos parents. Comment leur annoncer la nouvelle ? J'ai réussi à joindre maman. Elle était au courant grâce à la radio dans le véhicule sanitaire qui les emmenait à l'hôpital pour la séance de rayons de notre père. Papa, sourd, ne comprenait pas bien, mais maman… Pauvre maman.

Nous étions scotchés aux infos, incapables de décrocher, attendant que la nuit tombe.

L'angoisse montait encore. Je pensais à Lilian. Combien de temps allait-il pouvoir tenir ? Il fallait qu'il tienne. Nous n'imaginions pas ce qu'il vivait. L'horreur avait grandi avec les événements de l'Hyper Cacher : prise d'otages, morts…

Je ne pouvais même plus parler avec Alain, seulement murmurer des « Oh non, non, ce n'est pas possible ». Imaginer ton état était insupportable. Puis l'assaut a été donné à l'imprimerie et nous avons appris que Lilian était sorti sain et sauf. La tension a commencé à redescendre. Lentement.

Je pensais à toi, peut-être en train de respirer enfin. Vous étiez vivants, Lilian et toi, et c'était tout ce qui comptait. L'urgence était maintenant de nous rassembler autour de Véro et des enfants. En arrivant chez vous, nous avons été accueillis par une nuée de flashs. Les journalistes et les photographes se ruaient sur la moindre nouveauté à leurs yeux.

Véro, nerveuse, tentait de garder son calme. Vers 2 heures du matin, tu es rentré. Je veux garder en mémoire ce moment où tu es enfin arrivé chez toi. C'était crucial, même si tu étais pâle et épuisé, incapable de parler normalement.

Nous ignorions encore le combat que tu allais devoir mener et l'ampleur du traumatisme. La force qu'il te faudrait chaque jour pour avancer dans ce cauchemar éveillé. Tes yeux avaient vu ce que nous ignorions encore : les explosifs, les échanges de tirs, et la destruction de l'ensemble de ton travail.

Tu as survécu, p'tit frère. Merci d'être avec nous.

Papa et maman étaient discrets dans leurs démonstrations d'affection, mais ils savaient nous montrer leur amour chaque jour.

Tu resteras toujours mon p'tit frère, et je serai toujours ta grande sœur.

Dominique Joseph Szepielak

psychologue de Michel Catalano

Comme dans *La Divine Comédie* de Dante, Michel Catalano a été plongé dans une souffrance indicible, franchissant malgré lui les portes de l'enfer. *« La route où l'on va droit s'étant perdue »*, il s'est retrouvé absorbé par l'univers *« farouche et âpre »* des personnes traumatisées. *« Au milieu du chemin de sa vie »*, il s'est retrouvé dans cette *« forte forêt »* sombre, pleine d'angoisses et de pièges.

Porté par sa détermination habituelle, Michel savait qu'il devait se relever. Il a refusé de céder aux paroles décourageantes du premier psy rencontré et à la maxime inscrite à l'entrée de l'enfer selon le poète italien : *« Vous qui entrez, laissez toute espérance. »* Michel a alors composé un numéro parmi ceux qui lui avaient été donnés. J'étais à l'autre bout du fil.

Il s'est présenté et m'a demandé, en quelque sorte, de devenir son Virgile.

Michel ne cherchait pas de faux-semblants, mais un chemin direct, à hauteur d'homme.

Pourquoi ? Car il s'est forgé seul – ou presque. Car sa femme Véronique et ses enfants ont toujours été son moteur et son carburant. Lors de notre première rencontre, après quelques échanges téléphoniques, je l'ai regardé droit dans les yeux – car on ne peut faire autrement avec Michel – et je lui ai demandé de renoncer à l'impatience. Comme dans le poème de Dante, le message implicite était clair : *« Allons, debout ! Longue est la route et mauvais le chemin, et déjà le soleil est à mi-tierce. »* Il en fut contrarié. Stimulé, aussi.

Il a accepté cette longue marche, ce pèlerinage intérieur vers lui-même pour se retrouver. Par la suite, avec sa famille – Véronique, Valentin et Marie-Anne –, il a commencé à reconstruire les liens, eux aussi perdus dans cette forêt sombre. Le but était qu'ils se retrouvent ensemble, à un croisement qui leur permettrait de repartir, marqués à jamais par la cohorte d'événements qui ont suivi le premier, celui de cette journée froide de janvier 2015.

Ils ont croisé des personnages importants sur leur chemin, certains porteurs de promesses, d'autres d'actions concrètes... Une véritable divine comédie. Puis *« recommença le plaisir des yeux, quand* [Michel] *sortit de l'atmosphère morte qui* [lui] *avait assombri cœur et regard »*.

Ce livre, au-delà du travail psychothérapeutique qu'il représente, est devenu un médiateur pour la famille Catalano. Pour le lecteur, c'est sans doute un témoignage débordant d'humanité, neutre, factuel. Profondément vrai.

En fin de compte, comme dans un opéra, chacun devait suivre une partition imposée par l'implacable réalité du traumatisme psychologique. La notion oubliée de « musement », chère à Freud, a ici pris tout son sens, toute sa densité. Il fallait accueillir, dans une présence flottante, les répercussions violentes du traumatisme, ainsi que le surtraumatisme causé par les événements et les maladresses de certains.

À une époque où la maîtrise, la modernisation et la « data-isation » ravivent un scientisme vieux de deux siècles, le traumatisme psychologique nous confronte aux limites de notre orgueil humain.

Ainsi, traumatisme et surtraumatisme nous rappellent inéluctablement nos limites en matière de savoir et de connaissance. Malgré l'incertitude, en dépit des années, comme dans *La Divine Comédie*,

Michel Catalano

Michel et sa famille ont bravé l'adversité pour retrouver un nouvel équilibre. Dante l'a si bien écrit :

« *Les facultés humaines sont muettes ; mais volonté, mémoire, intelligence en acte sont aiguës bien plus qu'avant.* »

Les Catalano l'ont prouvé !

Ainsi, comme s'il portait en lui le poème du philosophe florentin :

« *De la crainte et de la honte,* [Michel] *se dépouilla, car il ne parle pas comme un homme qui rêve. Et pourtant,* [sa] *divine bonté brûle en* [lui] *et brille en déployant les beautés éternelles,* [parce qu'il a toujours su] *bannir toute rancœur.* »

Remerciements

Je tiens à exprimer ma profonde gratitude envers **mes parents, Antonio et Anna**. Vous m'avez transmis des valeurs qui ont façonné la personne que je suis aujourd'hui. Vous avez fait le choix courageux d'immigrer en France pour nous offrir une meilleure vie, en acceptant de nombreux sacrifices pour le bien de vos enfants. Sachez que je mesure chaque jour l'ampleur de ce que vous avez accompli, et je vous en remercie du fond du cœur.

Je voudrais remercier :

Ma femme, Véronique et **mes enfants, Valentin et Marie-Anne** pour leur soutien indéfectible pendant cette période très difficile pour moi. Votre patience, votre confiance et votre amour m'ont permis de retrouver la force nécessaire pour reconstruire et relancer mon entreprise dans le même lieu, en acceptant les risques que cela impliquait. Sans votre présence et votre soutien constant, je n'aurais pas pu relever ce défi.

Ma belle-fille **Sophie**, mes petits-enfants, **Oscar**, **Pablo** et **Marius**

Ma famille, ma sœur Thérèse, mon beau-frère Alain, mon frère Franck, ma belle-sœur Sylviane, et leurs enfants, Irène ma belle-mère ;

Lilian, pour le courage dont il a fait preuve en restant, si longtemps, recroquevillé sous cet évier. Son silence a sauvé nos vies. Marine, sa femme, ses parents et sa sœur ;

Une pensée toute particulière à **Didier**, qui nous a quittés, ainsi qu'à sa femme Elisabeth et ses filles.

Mes amis, Philippe et Florence, Jean-Luc et Sandra, Didier et Caroline, Stéphane, Gilles et Nathalie, Vincent et Christelle, Georges et Nicole, Éric et Flavie, Ghislaine, Patrick et Rose, Jean-Paul et Francette, Régis et Nathalie, Lucie, Ghislain et Françoise, Jocelyne et Christelle, Claire, et leurs familles ;

Tous nos salariés qui ont fait partie de l'équipe **CTD groupe Michel CATALANO** ;

Les amis du Hockey National, et tout particulièrement **les membres du Blanc-Mesnil Sport Hockey** ;

Olivier, pour son soutien et sa discrétion ;

Dominique et Anaïs, pour nos vendredis après-midi qui nous ont permis de coucher sur le papier nos maux pour en faire des mots.

L'A.F.V.T (**Association Françaises de Victimes du Terrorisme**), le président, le conseil d'administration, les membres ;

Tous nos amis victimes et leurs familles ;

Nos avocats, Antoine Casubolo, Frédéric Bibal, Emma Dinparast ;

Jean-François pour son aide pour l'inauguration et l'écriture de mon discours ;

Carlos et son équipe, pour les travaux de finition intérieure du bâtiment ;

Les commerçants de Dammartin et toutes les entreprises qui se sont mobilisés pour nous aider ;

Les maires et les communes d'Othis, Dammartin en Goële, et toutes les communes limitrophes, ainsi que celle du Blanc-Mesnil ;

Les confrères imprimeurs et les fournisseurs ;

MM. les Présidents, François Hollande et Emmanuel Macron ;

Les préfets, sous-préfets, les députés, les conseillers ;

Guy Birenbaum, Antonin Amado, pour la concrétisation du livre ;

Jean Le Gall, pour sa confiance, et ses collaborateurs du Cherche-Midi ;

Tous les journalistes bienveillants qui nous ont interviewés et qui ont porté la parole des victimes, et en particulier Romain Verley et son équipe, qui nous ont suivi pour la réalisation du documentaire, et l'aide apportée pour la concrétisation du livre ;

Sans oublier **toutes les personnes** qui, en 2015, nous ont soutenus et encouragés par une lettre, un message, une aide financière. Vous ne mesurez peut-être pas à quel point vos gestes ont été essentiels pour nous. Mais sachez que cela m'a profondément touché et m'a aidé à persévérer.

ANNEXES

Discours de Michel Catalano

pour l'inauguration du nouveau bâtiment de CTD avec Monsieur le président de la République

Je pense à toutes les victimes qui n'ont pas la chance d'être entourées d'une famille et d'amis, véritable bouclier contre la bêtise humaine.

Je pense à ceux et celles qui n'ont pas su ou pu être soutenus par l'État et les assurances. Je pense à tous ceux qui, par manque d'énergie ou de caractère, n'arrivent pas à relever la tête. Je pense à l'immense mouvement de solidarité que l'épreuve que nous avons traversée a soulevé dans le pays.

Monsieur le Président, au nom de mon épouse Véronique, de mes deux enfants, Valentin et Marie-Anne, je vous remercie d'honorer de votre présence l'inauguration de notre nouvelle imprimerie. Mais très sincèrement Monsieur le Président, j'aurais préféré que vous ne soyez jamais venu à Dammartin en Goële.

Le hasard et la folie de 2 hommes ont fait que le 9 janvier 2015, je suis passé de l'anonymat à la une des journaux, du statut de chef d'entreprise à celui de victime, victime du terrorisme.

Je n'ai pas souhaité me retrouver sous les feux de l'actualité. Je n'ai pas voulu devenir un héros. Mais lorsque la vie bascule, il faut faire face et rester debout.

Le 9 janvier pendant deux longues heures et depuis, je n'ai qu'un seul mot d'ordre : la barbarie ne me fera pas baisser la tête.

Monsieur le Président, je vous remercie d'avoir tenu votre promesse. En février 2015, vous êtes venu dans l'anonymat le plus total visiter notre entreprise totalement détruite. Vous m'avez témoigné votre solidarité et au travers vous celle de la nation et vous m'avez promis alors d'être présent le jour de l'inauguration.

Vous êtes là. Vous avez tenu votre engagement et je vous en remercie. Je vous en remercie même si votre venue a « légèrement » perturbé notre organisation.

Votre présence est précieuse pour tous ceux qui nous ont aidés. Les anonymes, les personnalités, les particuliers, les entreprises, les élus, les clients, les fournisseurs.

Je ne pourrai pas, au risque d'en oublier, citer tous ceux qui nous ont aidés. Mais les 250 personnes présentes aujourd'hui sont honorées que, par votre venue, vous rendiez hommage à leur solidarité, leur soutien, leur amitié.

À un moment où l'on parle identité nationale, couleur de peau, ancêtres, religion, moi, Michel Catalano, je suis fier d'être français et je n'oublie pas que mes parents sont nés en Italie et qu'ils sont venus en France dans les années 1960 pour trouver du travail.

Mon regretté Papa me disait souvent : « Sois fier du pays qui t'a accueilli et fait en sorte qu'il soit fier de toi. »

D'autres me conseillaient de déposer mon bilan, mon épouse elle-même était réservée sur l'idée de rebâtir CTD.

Mais au nom de mes salariés, en mémoire de ce que me disait mon père, j'ai décrété que je ne laisserai pas deux terroristes décider de ma vie et de mes choix.

Bob Marley a dit : « Tu ne sais jamais à quel point tu es fort jusqu'au jour où être fort reste la seule option. »

En acceptant de témoigner dans les médias, j'ai la modeste prétention de montrer que l'on peut se relever. Je souhaite redonner du courage à ceux qui en manquent, l'envie de vivre à ceux qui ont été touchés d'une manière ou d'une autre, aux anonymes, aux oubliés.

« On trouve toujours une solution quand on a l'envie et le courage. »

Merci à ma famille, à mes amis, aux fournisseurs, aux élus d'avoir accepté que mon rêve devienne une réalité.

Merci Véronique d'être à mes côtés. Comme le dit Antoine de Saint-Exupéry, « aimer ce n'est pas se regarder l'un l'autre, c'est regarder dans la même direction ».

Merci Monsieur le Président, d'être là le jour où redémarre la production de la nouvelle imprimerie du Groupe Michel Catalano. Car ce qui est important n'est pas ce que nous avons fait hier mais ce que nous allons faire ensemble demain.

Nous serons grâce à vous tous : « Plus proche, plus grand, plus fort. »

Plaidoirie de Antoine Casubolo

en novembre 2020

pour le procès des attentats de janvier 2015

POUR :

Lilian LEPERE
Michel CATALANO
Véronique CATALANO
Marie Anne CATALANO
Valentin CATALANO
Didier ROUSSEAU
Dounia HAMDAOUI
Jean-Jacques BENSOUSSAN

Monsieur le Président, Mesdames,
Messieurs de la Cour,

Maître Amélie TRIPET, vient de vous dire ce que fut l'entreprise de Michel CATALANO, cette imprimerie, l'entreprise de toute sa vie…

Une vie pour la construire. Une après-midi pour la détruire...

Ce n'est pas rien une imprimerie pour un fils d'immigré dont le père ne parlait pas français, encore moins ne l'écrivait, lorsque Michel est né.

Avec Michel CATALANO, aux premiers jours de ce procès, nous regardions ces hommes dans le box.

Pratiquement tous déscolarisés très tôt. Pratiquement tous sans emploi ou vivant d'expédients. Certains n'ayant jamais travaillé et, parfois, le revendiquant avec orgueil.

Ils sont, ils étaient, ses voisins. Ceux de sa jeunesse au Blanc-Mesnil, en Seine Saint-Denis. Ceux qu'il pourrait entrainer dans cette même ville aujourd'hui, au club de hockey dont il est le dirigeant.

C'est la même banlieue. Mais la leur, pourtant, n'a plus rien à voir avec la sienne, celle où il a grandi.

Michel CATALANO a connu les fins de mois difficiles de ses parents, leurs sacrifices pour qu'il ne lui manque de rien, c'est-à-dire du minimum.

Il a connu, l'insulte, le mépris, le racisme,

Rital... C'est aussi une insulte, pour un enfant de surcroit.

Il faut lire justement lire Les Ritals, de François CAVANNA, le fondateur, de Charlie Hebdo, avec

Professeur CHORON, pour savoir ce qu'a pu être l'enfance de Michel, ce que pouvait être le racisme, le mépris à l'égard des immigrés italiens.

Mais pour autant, ce que l'on sait de Michel CATALANO aujourd'hui et de bien d'autres, c'est qu'on peut aussi chevaucher sa vie pour en changer le cours.

Madame VERLHAC est venue le dire à cette barre, lorsqu'elle nous a parlé de son mari, TIGNOUS, ce gamin de banlieue, de milieu modeste aussi.

Elle a dit : « *On n'est pas seulement déterminé par notre naissance, à un moment, on peut aussi choisir sa vie* ».

Michel a choisi sa vie. Se lever tôt le matin et partir travailler, travailler dur. Se marier, fonder une famille avec Véronique. Elever deux enfants, Valentin et Marie Anne. Ils ont saisi leur chance, ensemble, lorsqu'elle s'est présentée, monter une imprimerie, leur imprimerie. Au prix d'un fort endettement qu'ils mettraient des années à rembourser, peut-être, mais ils étaient fiers de forger leur outil de travail et celui, aujourd'hui, de sept employés.

Lilian (… dont je tairai le nom), était de ceux-là. Arrivé, comme d'habitude, très tôt en ce matin du 9 janvier.

A la barre, il s'est fait violence pour venir vous dire ce qu'il avait vécu ce 9 janvier 2015. Et sa vie depuis. L'anonymat brisé, harcelé par les médias, littéralement cloîtré chez lui quatre mois, ne pouvant plus retourner travailler à l'imprimerie, qui de toute façon n'existait plus, obligé de déménager, de changer de boite, pour fuir son destin, pour fuir, toujours dans sa tête, les Kouachi.

Vous l'avez vu et vous l'avez écouté, crachant douloureusement ses mots (ses maux), une lame de rasoir dans la gorge. Celle que vous a décrite, le Docteur CEDILLE, psychiatre experte, à cette même barre, le samedi 24 octobre.

Le Docteur CEDILLE vous a aussi décrit le syndrome post traumatique des proches de victimes, elle a parlé de leur « *blessure incarnée* ».

En l'espèce :

De la blessure incarnée des parents et de la compagne de Lilian, dont il a refusé jusqu'à leur présence dans cette salle. Trop douloureux. Pour lui, comme pour eux d'en parler ensemble. Alors, depuis le 9 janvier, chacun rumine et somatise de son côté.

De la blessure incarnée des proches de Michel également. Avec les mêmes lames de rasoir qui font encore souffrir aujourd'hui.

Véronique CATALANO, l'épouse de Michel, était là aux premiers jours de ce procès. Pensant pouvoir, quand ce serait son tour, venir vous dire à la barre, la journée d'angoisse qu'elle a vécue, ce 9 janvier 2015, chez elle, tout d'un coup cernée par les médias, les journalistes venant frapper à sa porte et jusqu'à sa fenêtre. Et les sonneries du téléphone, non-stop en bruit de fond toute la journée, mais sans aucune nouvelle, pour autant, pendant des heures, de son mari.

Mais, Madame CATALANO n'a pas pu venir à cette barre, d'entendre les survivants de Charlie Hebdo et de l'Hyper casher, d'entendre les proches de ceux qui sont tombés, Ahmed MERABET, Clarissa Jean-Philippe…. Elle a craqué. Une émotion trop forte qui l'a faite replongée dans l'horreur.

Depuis, elle est à peine retournée à l'imprimerie, en pointillé, son imprimerie aussi, qu'elle a monté avec son mari. Cloitrée chez elle, sujette encore et toujours aux démons de la dépression. Mais elle est là aujourd'hui. Et je l'en remercie.

De la blessure incarnée, aussi, des enfants de n et Véronique. Marie Anne et Valentin. Marie Anne, qui n'est venue qu'une journée. Valentin, qui n'est pas venu du tout. Impossible. Impossible d'écouter, de témoigner sans revivre ce terrible cauchemar que fut l'attente du dénouement du drame qui se déroulait pour leur père, mais aussi pour Lilian ce 9 janvier 2015 et qui les impacte encore aujourd'hui.

Didier ROUSSEAU, lui, est venu. Vous savez, ce représentant de la société Ricoh qui avait rendez-vous avec Michel, auquel ce dernier a cru ouvrir alors qu'avaient sonné les Kouachi.

Vous l'avez entendu Didier ROUSSEAU, lui aussi avec ses lames de rasoir dans la gorge, vous parler de la mort, **qu'il a vu** dans les yeux de Michel, lorsque celui-ci a refermé le portail de l'entreprise derrière lui. « Il faut y aller Didier maintenant » a dit Michel. Et Didier ne s'en remet toujours pas, Rongé par la culpabilité, d'être reparti, abandonnant à son sort, son ami.

Elle vous l'a dit Madame CEDILLE :

« *Parfois le temps ne fait pas son œuvre* ».

Le fera-t-il pour eux ? On ne peut que l'espérer.

Aux premiers jours de ce procès, j'ai entendu quelqu'un dans le box, dire que cette affaire « *avait foutu sa vie en l'air* » … J'espère, qu'à minima et ce serait déjà ça, que ce procès lui aura appris qu'il n'est pas le seul dans ce cas et qu'il y avait beaucoup d'indécence à se penser victime, de sa place, dans cette salle.

Ce 9 janvier 2015, Lilian toujours recroquevillé sous son évier, pendant ce temps, à Vincennes un autre drame se nouait : Amedy COULABALI commençait son carnage dans l'Hyper Casher.

Mes confrères viendront vous parler, après moi, de ces vies brisées, de ses familles détruites, des ces gens assassinés pour la seule raison qu'ils étaient Juifs.

Moi je veux vous parler de Madame Dounia HAMDAOUI et de Monsieur Jean-Jacques BENSOUSSAN dont j'ai l'honneur d'être aussi l'avocat et dont je soutiendrai lors de l'audience civile, leur constitution.

Eux n'étaient pas dans l'Hyper Casher mais dans l'épicerie Charles Traiteur, le bâtiment juste à côté, dont ils sont les employés. Eux non plus ne sont pas venus à cette barre. Reclus, dans leur tête, dans leur vie, comme ils l'ont été toute cette après-midi du 9 janvier 2015, quand ça tirait partout autour d'eux, dedans l'Hyper Casher, Coulibaly abattant ses proies, dehors, lorsque les forces de l'ordre donnaient l'assaut.

Reclus, c'est ainsi que les a dénommés le Fonds de Garantie qui ne s'y est pas trompé en les inscrivant sur leur liste de victimes.

Oui, reclus, tout comme Lilian dans son placard, reclus, tout comme ces clients réfugiés dans la chambre froide de l'Hyper Casher, sans savoir ce qui se passait réellement, mais terrifiés, tous au même titre, sans connaître quel serait pour eux, le dénouement, quel serait leur destin.

Il n'y a pas de différence entre eux. Dans ces trois cas, les terroristes ignoraient qu'ils se cachaient. Tous pareils, reclus, victimes. Tous, aujourd'hui les mêmes symptômes, la même souffrance, les mêmes angoisses, la même peur de vivre. La même impossibilité de reprendre leur vie d'avant.

Entre Coulibaly venu tuer des Juifs parce que Juifs et les Kouachi tuant pour « venger [leur] prophète », le même trait d'union, encore et toujours : l'antisémitisme...

Dans l'imprimerie, à un moment, Chérif Kouachi a dévisagé Michel. Le sourire narquois, l'œil noir, la haine à fleur de peau :

Il lui a-t-il demandé « *Mais vous êtes Juif ?* ».

A cette haine des Juifs, le fusil d'assaut braqué sur lui, Michel CATALANO a répondu tout simplement, comme un Juste parmi les Nations :

Il n'a pas dit « *Non* ». Il n'a pas dit « *Non je ne suis pas Juif* ». Il a juste répondu,

— « *Je suis Français, d'origine italienne* ». Je suis Français.

Toute l'attitude de Michel CATALANO ce jour-là, de l'arrivée des Kouachi dans son imprimerie, lorsqu'il décide d'aller vers eux et de se sacrifier pour sauver Lilian, des deux heures passer avec les terroristes, pour les éloigner de Lilian, de ses réponses à chaque fois face au danger, de sa sortie pour rejoindre les forces de l'ordre, jusqu'à ses avis auprès du GIGN avant qu'il donne l'assaut pour détruire son imprimerie, m'a fait penser, me fait passer, à ce que m'a dit un jour, Jean-Pierre VERNANT, professeur de philosophie, le grand historien de la Grèce antique, Et SURTOUT Compagnon de la Libération, pour s'être engagé dans la Résistance, dès juin 1940, parmi les tous premiers, alors qu'il n'avait que 18 ans.

Un jour, je lui ai demandé, quel enseignement, il retenait de cette période que fut la Résistance ?

Il m'a dit :

« *Je pense qu'une des choses les plus intéressantes dans la Résistance, c'est le fait que dans des situations qui sont totalement exceptionnelles, il y a des gens, pas nombreux, qui n'ont rien de particulier à priori, ni sur le plan de leur métier, ni sur le plan de leur personne. Monsieur tout le monde et qui, tout d'un coup, vont se révéler des êtres absolument exceptionnels. Rien ne les distingue du commun. Et tout d'un coup, ces êtres du commun, à cause de ces évènements, à la façon dont ils réagissent, dont ils prennent en main les choses, on s'aperçoit qu'ils sont bâtis d'une façon absolument extraordinaire. Qu'ils sont des chefs, qu'ils sont des types qui peuvent prendre des décisions. Qui n'hésitent pas une seconde à mettre tout en jeu, jusqu'à leur vie. Révélations !* »

Alors ce matin du 9 janvier 2015, oui, Michel CATALANO s'est révélé. « C'est mon héros » a dit de lui, Lilian à cette barre.

A cette barre aussi, Patrice Pelloux, a dit, qu'avec ses amis de Charlie Hebdo, il s'était senti bien seul sur la barricade au moment de la publication des carricatures de Mahomet. Peut-être ou à juste titre mais dans ce cas, Il est grand temps, de les y rejoindre !

Au lendemain des attentats, après les rassemblements du 11 janvier 2015, lorsque nous étions plus de quatre millions dans la rue, à la Une de l'Express, il y avait un dessin de Plantu qui pastichait le célèbre tableau de Delacroix, « La Liberté guidant le Peuple », une femme aux seins nues, sur une barricade, justement, le drapeau tricolore à la main, entourée d'hommes, les armes au poing.

Sur le dessin de Plantu, les crayons avaient remplacé les armes. Et sous le dessin, en caractère gras, une seule phrase : « Nous sommes la France » !

Oui, Monsieur Le Président, Mesdames et Messieurs de la Cour, nous sommes la France » et nous ne cèderons pas !

Mais alors, maintenant, il faut aussi se poser la question, comme l'a posée Madame VERLHAC à cette barre,

« *Comment fait-on aujourd'hui pour que cette boucle s'arrête ?* »

Pour que ces jeunes qui grandissent dans nos banlieues n'est plus pour seul horizon, le pôle emploi, le RSA, les petits boulots ?

Ou, pire, pour seul projet de vie, la délinquance, le banditisme, le grand banditisme, la Syrie ?

Comment fait-on pour balayer ce terreau ? Pour combler cette porosité qui va de la petite délinquance jusqu'à la radicalité ?

Certainement pas au karcher !

Certainement pas non plus, en baissant les yeux, en renonçant à nos valeurs, en renonçant à ce que nous sommes, en renonçant à notre liberté, à la liberté d'expression payée de leur vie par les journalistes, les employés de Charlie-Hebdo. Payée de sa vie par Samuel Paty.

Mais pour renforcer la barricade, il faut aussi s'attaquer aux racines du mal. Il faut regarder de près ces banlieues, dans lesquelles ont grandi ces gens, Français comme nous ou vivant ici depuis toujours, mais qui rejettent les valeurs de notre République. Qui nous renvoient aux heures les plus sombres de notre histoire, qui nous renvoient à l'obscurité du Moyen-âge.

Liberté, Laïcité, ne rien lâcher, d'accord ! Mais aussi égalité, fraternité. Il faut regarder en arrière, sur ces 50 dernières années, pour essayer de comprendre ce qui a sombré, ce qui n'existe plus, si l'on veut corriger la dérive de ces banlieues, si l'on veut comprendre comment on en est arrivé là. Si l'on veut que ça s'arrête.

Bien sûr, la République se doit d'y retourner encore plus forte. Avec ses forces de police et sa Justice. Mais la répression n'est rien sans l'espoir d'un avenir meilleur.

Pour aimer la France, visiblement, le RSA n'y suffit pas. Aux côtés des policiers, il faut des enseignants, des travailleurs sociaux, ces Hussards de la République qu'il faut recruter, valoriser, renvoyer massivement à l'assaut de ces ghettos. Les valeurs de la République, l'amour de la France, elles passent d'abord par eux.

Elles passent aussi par tout ce qui faisaient liens dans ces banlieues, entre ces barres d'immeubles et qui n'existent plus. Les Maisons de la Culture, les Maisons de jeunes, les maisons de quartiers, les bibliothèques, les théâtres, tout est en jachère, tout est à reconstruire

Oui, nous sommes la France et nous ne céderons pas. Mais la France, elle est à ce prix!

Monsieur Le Président, Mesdames et Messieurs de la Cour, ce procès, mes clients le redoutaient. Mais ils l'attendaient.

Ils l'attendaient pour que la Justice dise, au terme de ces cinq ans d'instruction et de ces mois de procès, pour chaque accusé, quelle part exacte fut la sienne dans cette nébuleuse mortifère, pour que ces crimes, ces assassinats, ces horreurs, soient commis.

Tous ont pu s'exprimer, défendus par les meilleurs d'entre nous, les droits de la défense, comme de juste, ont été respectés.

Alors, maintenant, mes clients n'attendent plus qu'une seule chose : que vous condamniez sans faiblesse ceux qui doivent l'être.

Car l'État de droit, n'est pas l'état de faiblesse.

TABLE DES MATIÈRES

#lisez! engagé
www.lisez.com
Pour plus d'information :
Imprimé sur du papier issu de forêts gérées durablement.

Imprimé en France par
CPI Firmin-Didot
N° d'édition : M18228/01. – N° d'impression : 182200